日本語学校物語

開拓者たちのライフストーリー

三代純平・佐藤正則 編

江副隆秀　嶋田和子
小木曽友　西原純子
奥田純子　緑川音也
加藤早苗　山本弘子

ココ出版

はじめに——想いを継なぐ

本書は、日本語学校に長らく携わってきた8名の先生方へのインタビュー記録をまとめたものです。１９８０年代、「留学生10万人受入れ計画」、バブル経済などを背景に多くの日本語学校が開校しました。日本で学ぶ外国人学生が急増し、現在の日本語教育につながる基盤が形成された戦後日本語教育の黎明期と言えます。今回、私たちがお話を伺ったのは、その頃から（あるいはそれ以前から）日本語教育に従事し、第一線で活躍されてきた先生たちです。先生方がどのように日本語教育と出会い、どのような想いで今日まで日本語教育に携わってきたのか。その足跡は、日本語教育の歴史です。先生方の一歩一歩が今日の日本語教育へと続く道となったと言えるでしょう。そんな先生方の経験を共有し、日本語教育へ懸けた想いを継ないでいくことを目的に本書は生まれました。それは、いわば日本語教育という文化の継承です。

今回、ご協力いただいた先生方は、日本語教育関係者ならば、だれもが名前を存じ上げる著名な方ばかりです。日本語教育についてのご著書が多数ある方もいらっしゃいます。そこで、本書では、先生方が築き上げた教育理論や日本語教育の方法に焦点をあてるのではなく、新人時代からの具体的な経験と経験を通じて形成された教育観を中心に取り上げました。日本語教育を一つの文化として捉えたとき、それは、教育における知識や技術だけではなく、より包括的な経験、その経験の中で培われた想いがその文化を形成していると考えたからです。

編者である三代と佐藤はそれぞれ2000年代初頭に日本語教師のキャリアをスタートさせています。そんな二人は、インタビューが終わるたびに、80年、90年代の黎明期の熱気とそれを40年も胸に抱いている先生方の、まさに命懸けともいわんばかりの日本語教育への想いにあてられ、しばらく呆然と立ち上がれませんでした。その熱気と想いを読者のみなさまとぜひ共有したいと思っています。

本書を通じて、今、まさに日本語教育に従事している方、これから日本語教育の世界に一歩足を踏み入れようとしている方、そんな方々が、生きられた日本語教育の歴史をたどることで、そして歴史をつくった先生たちの想いに触れることで、日本語教師という職業の意味を改めて考え、そこに希望を見出せることを願っています。

編者

目次

1章　日本語学校物語　序

佐藤 正則

私の日本語教育事始め

私の日本語教師としてのキャリアは2000年代初頭、日本語学校[1]で始まりました。当時日本語学校は、1990年代の「冬の時代」(後述)を経て、活況を取り戻しつつあるときでした。1990年代の後半、法務省が入国審査を規制緩和した結果、中国を中心に留学生が増加し始め、2003年、日本語教育機関の学生数は4万2729人に上りました。とはいえ学生数は入国審査の許可率によって左右されるため、日本語学校の経営は安定しているとはいえませんでした。採用面接のときに「給料は高くないですよ。覚悟はありますか」と聞かれ驚いたことを今でも覚えています。実際、私が専任教員になった翌2004年には日本語学校の学生数は激減します。不法残留者を減らすために法務省が入国審査を厳格化したためでした。

最初は非常勤で、他の日本語学校や塾を掛け持ちしながらのスタートでしたが、幸いなことに半年後には専任になることができました。初級から上級までの授業、担任として留学生の進路や生活の指導、カリキュラムの作成なども担当するようになりました。中でも心に残っているのはプロジェクトワークという授業です。中級クラスでは通常の授業の他に、小学校との交流、料理番組作成のプロジェクトワークを行いました。上級クラスではグループで問いをつくり、街に出てインタビューを行い、映像にまとめたりプレゼンしたりするという授業を行いました。閉じたイメージの日本語学校を外に開きたいという思いがありました。

日本語学校の役割は時代や社会の要請に応えて変わっていきます。当時は日本語学校といえば、大学や専門学校に進学するための予備教育機関の役割が第一でした。２０００年代になって、日本語学校全体の修了生の60％台が進学するようになっていました。[2] ２００２年「日本留学試験」[3]が始まると、運用能力を重視したアカデミック・ジャパニーズが日本語学校でもカリキュラムとして考えられるようになりました。私がいた日本語学校では、自国で高校を卒業し、日本の大学に進学するために留学してくる学生がほとんどでしたが、大学で何を学びたいかわからない学生も大勢いました。そういう学生とは何回も個人面談をして進路先を一緒に決めていったり、相談会に連れていったりもしました。一方で日本語学校を休みがちな学生の家には家庭訪問をしたり、アルバイト先に訪問したりすることもありました。多くの留学生は日本語学校とアルバイトと住まいを行き来するだけの毎日でした。しかし、だからこそ日本語学校は学生たちの居場所のような存在になっていたと思います。

それからおよそ20年が経ちました。日本語学校をとりまく社会状況や留学生の姿は大きく変化しました。「留学生30万人計画」[4]（２００８年）、留学生のキャリア意識の変化、就学生と留学生のビザの一本化（２０１０年）、東日本大震災の影響、ベトナムやネパール等非漢字圏の留学生の増加、特定技能ビザ[5]の新設、日本語教育推進法[6]の施行など。そして２０２４年４月「日本語教育の適正かつ確実な実施を図るための日本語教育機関の認定等に関する法律」[7]（以下、日本語教育機関認定法）が施行されました。留学ビザで来日する学生が日本語を学ぶ課程すなわち留学課程を持つ日本語学校は、今後文部科学省によって認定される必要があります。また、日本語教師も国家資格の登録日本語教員として「登録」することができるようになります。これは日本語学校にとって大きな転換期ということができるでしょう。日本語学校の管轄が法務省から文部科学省に代わるということは、日本語学校が教育機関として公に認められることであり、日本語教師もまた専門家として国のお墨付きを得ることでもあるからです。

私は2012年、日本語学校を離れ、大学で教えてきましたが、2023年再び実践の場を日本語学校に移しました。日本語学校に戻って改めて感じることは、日本語学校が社会から要請されている役割の変化です。私が働き始めた2000年代初め、日本語学校や就学生は、何かの事件を起こしたときにだけ話題になるような存在でした。しかし、現在、日本語学校は地域に開かれ地域と共に活動していくことが必要とされています。地域や公教育、公的機関、大学等と連携し、しかも日本語教育の中心的な役割を求められています。そのためにも認定日本語教育機関になることが必要なのだと思います。現場の意識改革、カリキュラムの根底的な改革が必要な学校も多く、それに対して戸惑い、不安の声があるのも確かです。また、9章で緑川さんも指摘していますが、創設期の日振協と日本語学校が一時期対立したこともあるように、文部科学省の施策が日本語学校の自由な実践の妨げになる可能性もあります。しかし、日本語学校は、その困難を乗り越え、認定日本語教育機関として、日本語教育における新たな役割を担っていく必要があります。

日本語学校やそこで働く日本語教師が今後新しい時代の日本語教育に取り組んでいくために、1970年代、80年代から日本語教育に取り組んでこられた先達の物語を知るのは重要なことです。

なぜなら、現在自明のことと考えられている日本語学校の制度や教育のあり方は、先達の仕事、実践の積み重ねがあったからこそのものだからです。先達の経験を知ることは、現在私たちが取り巻かれている社会的文脈を深く理解し、私たちが日本語学校で働く意味、日本語教育をする意味を問い直すことにもつながります。それは、私たちが直面する葛藤や課題の解決、さらにはよりよい実践につなげていくことを可能にすることになると考えます。

1980年代の日本語学校

ここからは、2章以降の語りを理解するために、1980年代から現在までの日本語教育を取り巻く社会の流れを見ていきます。1983年、中曽根内閣のもと「21世紀への留学生政策懇談会」が発足し、その提言として「21世紀初頭には海外からの留学生を10万人に増やす」計画、いわゆる「留学生受入れ10万人計画」(以下、「10万人計画」)が発表されました。82年当時、外国人留学生の数は8、100人程度でしたが、それを20年かけて当時のフランスの10万人程度に増やすという目標が掲げられました。

「10万人計画」では、諸外国との相互理解や開発途上国の人材育成を主な目的として掲げられました[8]。その背景には、貿易を駆動力とし、急速に経済発展していた当時の日本にとって、諸外国に知日派の人材を増やすことが重要であると考えられたこともあります。つまり、当時の留学生受入れ政策は、卒業後、それぞれの国に帰国し、日本とのブリッジ人材として活躍してくれるような人材の育成を想定していたと言えます。その基本的方策の中には、大学の留学生受入れ体制の充実に加え、日本語教育の推進、留学生宿舎の整備、帰国留学生の支援などが掲げられました。当時の「留学生」とは、基本的に大学・大学院等の高等教育機関で学ぶ学生を指していました。日本語学校生は、「就学生」[9]という位置づけとなっていました。

しかし、いずれにせよ、進学をめざし、海外から来日する学生たちの多くは、日本語を学ぶために一旦、日本語学校で学ぶことが必要になります。そこで、徐々に全国に日本語学校が設立され始めます。私費留学生を受け入れるため留学生のアルバイト解禁、ビザ発給手続きの簡易化などの措置が取られ、留学のハードルも下がってきました。

決定的に留学生及び就学生が増える契機となったのは、1987年に中国政府が私費留学生用のパスポートを自由化したことです。「10万人計画」が発表された1983年の就学生総数3448人、その内中国人就学生は160人でした。それが87年には就学生総数1万3915人、中国人就学生7178人、88年には就学生総数は3万5107人、中国人就学生は2万8256人と急増しました。[10]それに伴い、日本語学校も増加し、1983年には約150校であった日本語学校は、1988年には約350校となりました。[11]

しかし、急激に増加した就学生には、就労目的のものも少なからず含まれていました。[12]一方で、就労目的の就学生を受入れた日本語学校の中には営利目的の悪質な学校も多く、身元保証書を架空の身元保証人により作成し、就学生に高く売りつけたり、定員をオーバーして入学許可書を乱発するような不正が相次いだと言われています。[13] このような状況は、徐々に社会問題としてマスメディアに取り上げられるようになりました。そこで、1988年に日本政府はビザ審査の厳格化に踏み切りましたが、それによってすでに日本語学校に入学金等を支払っていた中国人の来日希望者たちにビザが発給されないという事態に陥りました。ビザ発給のために親戚などから借金をしてお金を支払っていた彼らは在上海日本国総領事館を取り囲み、抗議しました。これがいわゆる「上海事件」です。上海事件は国際問題化し、国内でも大きな社会問題としてクローズアップされるようになり、経団連などが訪中し、事態の収集をはかりました。

1980年代は、「10万人計画」や経済成長を背景に日本語教育が大きく発展した戦後日本語教育の黎明期と言えます。就学生・留学生の受入れが拡大し、留学生受入れの基盤が整備されました。大学には留学生別科が設置され、教員養成を担う日本語教育専攻の開設も続きました。日本語学校の設立も相次ぎ、留学生寮や留学生相談など留学生受入れ環境の整備も進みました。1984年には、日本国際教育協会と国際交流基金による「日本語能力試験」が開始されました。また、1989年には「日本語教育能力検定試験」[14] が始まりました。一方で、急すぎる拡大は、さまざまな問題も抱え、それが上海事件で顕在化しました。

日本語教育振興協会の設立

上海事件の反省に基づき、日本語学校の審査・認定の基準整備が進められ、1989年にその審査・認定を担う機関として日本語教育振興協会（以下、日振協）が発足しました。当初、任意団体として設立された日振協は、翌年の１９９０年に、文部省、法務省、外務省、３省の各大臣より許可を受け、財団法人化されました。以降、日本語学校は、法務省の告示[15]を受けるためには、日振協による審査を受け、認定を受けることが求められました。このことにより、悪質な日本語学校は認定校となることができず業務停止となり、姿を消していきました。

このことは、日振協が日本語学校の質を担保するという役割を果たす一方、日振協と日本語学校の間に審査する／される、管理する／されるという関係を生み出し、軋轢を生んでしまいました。また、上海事件以降、入国管理局の中国人就学生に対する審査も厳しくなり、日本語学校の学生数は次第に減少し、１９９０年代半ばには２００校が閉鎖、廃校に追い込まれました。１９９２年度末には４３３校あった日本語学校が、１９９６年度末には２８２校にまで急減しました（図１参照）。この時期は「日本語学校冬の時代」と呼ばれています[16]。

１９９６年に日振協の理事長に佐藤次郎氏が就任します。これを契機に日振協と日本語学校の関係は大きく変わったと言われています。佐藤氏は、上海事件の時、文部省の事務次官として事態の収拾に関わった人物で、日本語学校の審査・認定の基準づくりにも携わっていました。佐藤氏は、多くの日本語学校関係者にヒアリングを行い、日本語教師を主体とした日振協改革に着手しました。その一つの成果であり、その後の日本語学校のあり方に大きく影響を与えたのが１９９７年に開催された第１回日本語教育セミナー、通称「箱根会議」です。佐藤氏のヒアリングの結果、日本語学校関係者

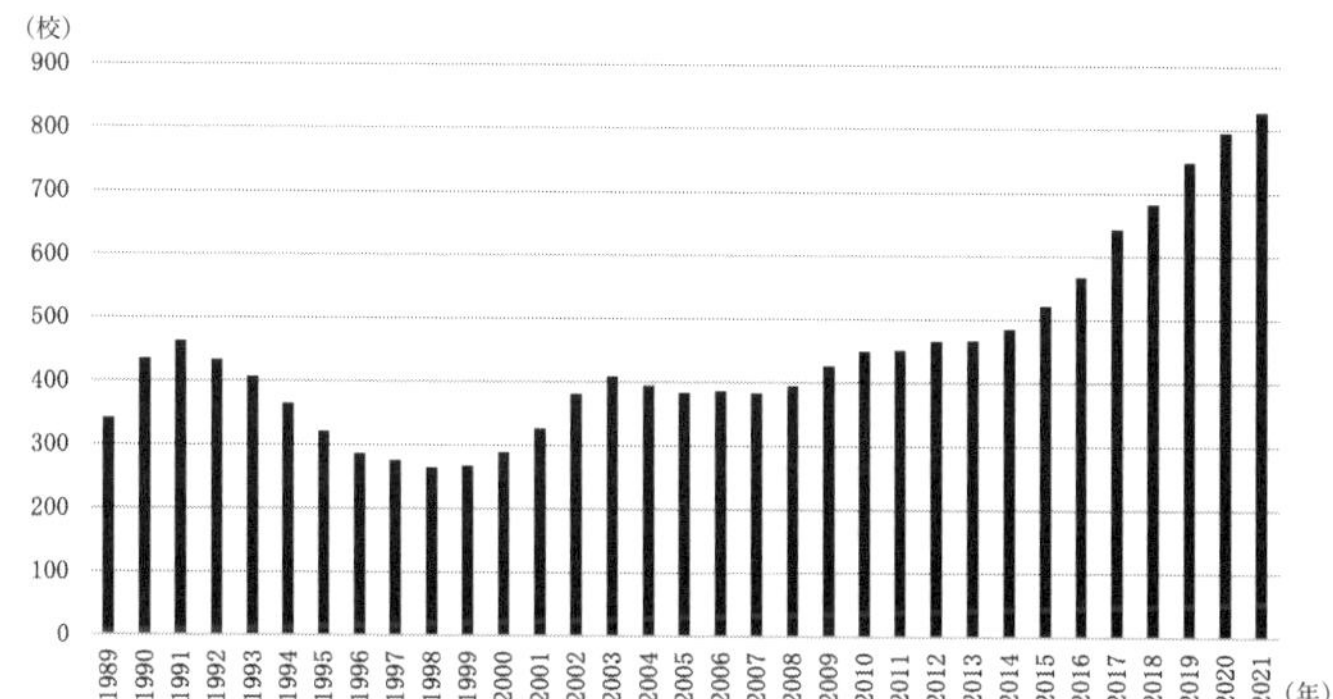

出典：文化庁（2022）「日本語教育機関参考データ集」、
日本語教育振興協会（2010）『日本語教育振興協会20年の歩み』より作成

図１　日本語学校数の推移

が集まり、日本語教育のあり方について議論する場が設定されました。箱根の文部省共済組合の保養宿泊施設に日本語学校の校長や教務主任30名が集まり、車座になり、寝る間も惜しんで議論したそうです。箱根会議の詳細については、本書10章をご覧ください。箱根会議の結果、共有されたのは、日本語学校が連携して、教育の質を向上し、日本語学校の社会的アイデンティティを高めていくことでした。本書に登場する8名の先生は皆、この箱根会議に参加された方です。箱根会議を契機に、日振協と日本語学校の連携は促進し、日本語学校の教育の質を高め、教育機関として社会に認知されていくように様々な取り組みを行なってきました。

２０００年代以降の日本語学校

１９９６年どん底だった就学生数が、１９９０年代後半から法務省の入国審査の規制緩和によって増加に転じます。

1996年には1万1224人だった就学生数が、2000年には3万6311人、2001年3万3757人、2002年3万9205人、2003年には4万2729人に増加しました。日本語学校で学ぶ学生数の増加は、7割程度の修了生が大学等に進学するため留学生数の増加に影響します。2003年、留学生の数も、10万人を超えました。実に20年かけて「10万人計画」は達成されたのです。しかし、翌2004年に法務省は「外国人犯罪の深刻化」対策と「不法滞在者を半減させる」ことを名目に「入国審査時における在留資格審査等の厳格化」を打ち出し、その結果就学生数は2005年2万5860人まで落ちこみます。このように、法務省の施策によって日本語学校の学習者数は変化していきますが、日本語学校数はそれほど大きく減ることはありませんでした。

その後、2008年には、福田内閣のもと「留学生30万人計画」（以下、「30万人計画」）が発表されました。それは、2020年までに留学生受入れの数を30万人にするというものでした。「30万人計画」の背景には、日本社会の少子高齢化による将来的に展望される労働人口の不足と世界の急速なグローバル化による国際的な高度人材獲得競争の激化があります。したがって、「10万人計画」との大きな違いは、留学生が卒業後に日本国内で就職することを奨励していることです。

「30万人計画」は日本語学校と大学等高等機関との連携の重要性を関係者に強く意識させることになりました。なぜなら「30万人計画」は、留学生の受入れ（日本語学校）の改善と大学卒業後の社会の受入れの推進を明記しているからです。大学で学ぶ留学生の多くが日本語学校を経由していることを考えれば当然のことと言えるでしょう。2009年に独立行政法人日本学生支援機構と名古屋外国語大学、大阪大学等の共催で行われたシンポジウム「『留学生30万人計画』と日本語教育——大学と予備教育の連携を考える」は、大学、日本語学校の教職員が集まり、それぞれの立場から連携のあり方について議論した象徴的な出来事でした。

「留学生30万人計画」は当初の予定を2年間前倒す形で、2019年に達成されました。その背景の一つには、2010年の入管法の改正により、就学生と留学生という区別がなくなったことが挙げられます。日振協を中心に、以前から就学生という在留資格をやめ、留学生に統一することが提案されていましたが、それが実現した形になります。このことで、留学生数に日本語学校で学んでいる学生数が加わることになりました（図2参照）。

2011年には、東日本大震災の影響で一時的に留学生が減少しました。しかし、その後、ベトナム、ネパールなどの国を中心に多くの留学生が日本語学校で学ぶようになりました（表1参照）。そして、留学生の増加と共に、日本語学校も急増し、2021年には800校を越えました（図1参照）。

この期間の大きな変化として、日振協の役割の変化があります。1990年以来、日振教は日本語教育機関の審査・認定事業、外国人学生の円滑な受入れ事業促進、日本語教育機関のあり方に関する調査・研究等を行ってきましたが、2010年、民主党政権のいわゆる事業仕分けの中で、日振協が行う「日本語教育機関の審査・証明事業」は廃止という判断が下されました。その結果、日振協加盟校の脱退、日振協に加盟しない新設校が増え、日本語学校を統括する機関が不在になりました。[17]

2016年法務省は「日本語教育機関の告示基準[18]」を出し、在留資格「留学」に係る日本語教育機関

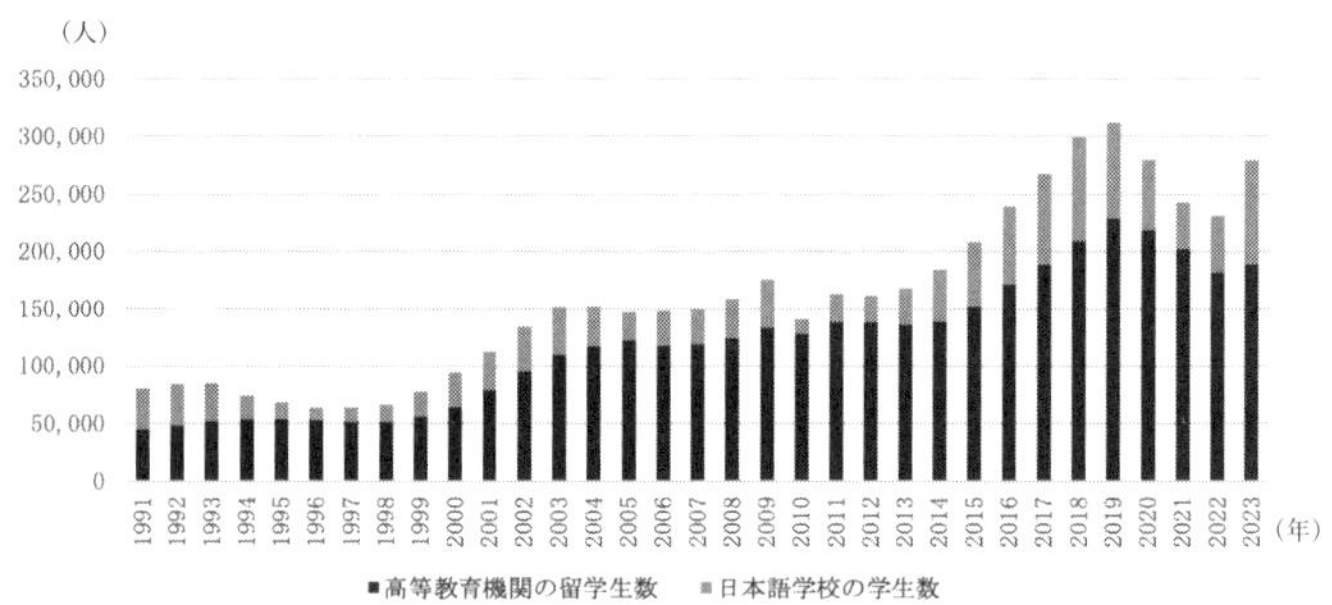

出典：日本学生支援機構（2023）『外国人留学生在籍状況調査』、
日本語教育振興協会（2010）『日本語教育振興協会20年の歩み』より作成

図2　1991年から2023年までの外国人留学生数の推移

の適格性については法務省（出入国在留管理庁）が文部科学省に意見を聴いた上で告示を行うことになりました。

２０１９年、日本で学ぶ留学生の数は30万人を超えました。２０２０年から新型コロナウイルス感染症拡大の影響を受け、入国制限が続きましたが、２０２２年４月に入国制限は解禁、その後は増加に転じています。また、日本で暮らす外国籍住民の数は、２０２３年には３３０万人に迫ろうとしています。日本の少子化と世界のグローバル化を背景に、日本社会も多文化共生のあり方を模索しています。その中で日本語教育が果たす役割も大きなものとなっています。

これからの日本語教師という職業を考えるために

今、日本語教育は大きな転換期を迎えています。日本の少子化と世界のグローバル化を背景に、日本社会も多文化共生のあり方を模索しています。その中で日本語教育が果たす役割もより大きなものとなっていると言えるでしょう。日本の大学や専門学校で学ぶ留学生、地域の日本語教室で学ぶ外国

表１　留学生の出身国・地域別内訳（上位５地域、単位：人）

2014 年	2015 年	2016 年	2017 年	2018 年	2019 年	2020 年	2021 年	2022 年	2023 年
中国 94,399	中国 94,111	中国 98,483	中国 107,260	中国 114,950	中国 124,436	中国 121,845	中国 114,255	中国 103,882	中国 115,493
ベトナム 26,439	ベトナム 38,882	ベトナム 53,807	ベトナム 61,671	ベトナム 72,354	ベトナム 73,389	ベトナム 62,233	ベトナム 49,469	ベトナム 37,405	ネパール 37,878
韓国 15,777	ネパール 16,250	ネパール 19,471	ネパール 21,500	ネパール 24,331	ネパール 26,308	ネパール 24,002	ネパール 18,825	ネパール 24,257	ベトナム 36,339
ネパール 10,448	韓国 15,279	韓国 15,457	韓国 15,740	韓国 17,012	韓国 18,338	韓国 15,785	韓国 14,247	韓国 13,701	韓国 14,946
台湾 6,231	台湾 7,314	台湾 8,330	台湾 8,947	台湾 9,524	台湾 9,584	台湾 7,088	インドネシア 5,792	インドネシア 5,763	ミャンマー 7,773

出典：日本学生支援機構（2015 ～ 2024）『外国人留学生在籍状況調査』より作成

人定住者、外国につながる子どもたち、海外の日本語学習者など、ますます日本語教育の現場は多様化しています。その中でも、多くの日本語学習者が在籍し、職業としての日本語教師にとって重要な位置を常に占めているのは日本語学校です。認定日本語教育機関として「留学のための課程」だけではなく「就労のための課程」「生活のための課程」の認定を受けることができるようになり、多様化する日本語教育に対応する形で、今後ますます日本語学校の可能性は広がっていきます。

多様化する社会、そして多様性を積極的に力に変えようとする社会において、ことばと文化の多様性は、新しい価値観を切り開くエンジンとなろうとしています。そして、そのエンジンを支える重要な役割を担うのが日本語教師という職業であると言えるでしょう。

文化庁文化審議会国語分科会[19]は、日本語教育に携わる者に必要とされる資質と能力を役割・段階・活動分野ごとにまとめて示しています。たとえば「日本語教師に求められる資質・能力」の「初任」や「中堅」を見ると、「社会とつながる力を育てる技能」や「文化的多様性・社会性に対する態度」の項目があります。これからの多文化共生社会を切り拓く日本語教師の役割を見据えた技能、能力が求められているということができるでしょう。本書ではこれ以上専門性の議論に立ち入ることはしませんが、日本語教師という職業のあり方が社会的に議論され、専門職としてのあり方が今後さらに問われるだろうと思われます。それは、同時に、新たに日本語教師の社会的アイデンティティが構築される過程だと言えるかもしれません。

しかし、私たちは、資質と能力によってのみでは日本語教師の専門性は語り尽くせないと考えています。その語り尽くせないものとは何かを考えるうえで、先達の経験を知ることは大きな意味があるように思います。先達の歩みが今の日本語教師という職業を象づくってきました。その生き様や経験を理解することが、私たちの現在の経験の意味の問い直しにつながり、私たち日本語教師一人ひとりの成長の契機となります。

インタビューの過程で、私は何度も日本語教師としての経験が接続され、拡張していくような感覚を味わいました。知識でしかなかった出来事が、具体的に私の中で文脈化し、２０００年代以降の私の経験と結びつく感覚といってもいいでしょう。それだけではありません。先生方の様々なエピソードを通して語られた葛藤や悩み、そして喜びを共有するという経験。それは私という日本語教師がエンパワメントされ、自己のアイデンティティが広がり変化していく感覚と言うこともできると思います。それは私の教育観、人生観の更新にもつながっていくものです。読者の方々にもぜひ、この「経験が接続され、拡張していくような感覚」を味わっていただければと思います。

〈注〉

［1］日本国内で第2言語・外国語としての日本語教育を実施する機関のうち，法務省から告示を受け、在留資格「留学」の学生を受け入れている機関を本書では総称して日本語学校とする。2024年度からは、この先5年の間に文部科学省によって認定されれば認定日本語教育機関として留学生を受け入れることができる。この間は法務省告示校の日本語学校と文部科学省認定の認定日本語学校が並存することになる。

［2］日本語教育振興協会『日本語教育振興協会 20年の歩み──日本語教育機関の質的向上をめざして』(日本語教育振興協会、2010年).

［3］外国人留学生として日本の大学等に入学を希望する者について、アカデミック・ジャパニーズとしての日本語力および基礎学力の評価を行う。「日本語」(読解・聴読解・作文)を共通科目として、文系は「総合科目」「数学I」、理系は「数学II」「理科」が行われる。日本語以外は英語で受けることもできる。2002年から年2回、6月と11月に実施。3章(小木曽)を併せて参照。

［4］当時の福田康夫首相による施政方針演説で発表された。日本を世界により開かれた国とし、アジア、世界の間のヒト・モノ・カネ、情報の流れを拡大する「グローバル戦力」を展開する一貫として、2020年までに留学生を30万人受入れようとするもの。方策の項目には「日本留学の誘い──日本留学の動機づけとワンストップサービスの展開」「入試・入学・入国の入り口の改善──日本留学の円滑化」「大学等のグローバル化の推進─魅力ある大学づくり」「受入れ環境づくり──安心して勉学に専念できる環境への取組」「卒業・終了後の社会の受入れ

の推進――社会のグローバル化」とあり、入学前から終了後のアフターケアまでが網羅された。

[5] 2018年「出入国管理及び難民認定法及び法務省設置法1部を改正する法律」の改正により新設された在留資格。「特定技能1号」「特定技能2号」がある。人材を確保することが困難な状況にある産業上の分野において、一定の専門性・技能を有し、即戦力となる外国人を受入れていくもの。

[6] 日本語教育の推進に関する法律。2019年6月公布、施行。第1条に「日本語教育の推進に関し、基本理念を定め、並びに国、地方公共団体及び事業主の責務を明らかにするとともに、基本方針の策定その他日本語教育の推進に関する施策の基本となる事項を定めることにより、日本語教育の推進に関する施策を総合的かつ効果的に推進し、もって多様な文化を尊重した活力ある共生社会の実現に資するとともに、諸外国との交流の促進並びに友好関係の維持及び発展に寄与することを目的とする」とある。

[7] 2024年4月施行。日本語教育機関のうち、一定の要件を満たすものは文部科学大臣より認定を受けることができる。また、認定日本語教育機関の教員資格として、認定日本語教育機関において日本語教育を行うために必要な知識及び技能についての「日本語教員試験」に合格し、文部科学大臣の登録を受けた「登録実践研修機関」が実施する「実践研修」を修了した者は、「登録日本語教員」として文部科学大臣の登録を受けることができる。

[8] 文部科学省「当初の「留学生受入れ10万人計画」の概要」参照。https://www.mext.go.jp/b_menu/shingi/chukyo/chukyo4/007/gijiroku/030101/2-1.htm

[9] 大学・短大以外の日本語学校や専修・各種学校等の教育機関で学ぶ外国人学生を1980年代当時、慣例として「就学生」と呼んだ。1990年の入管法改正によって在留資格「就学」ができ、「就学生」が正式な呼称とし定着した。4章（江副）を併せて参照。その後、2010年に改正された入管法によって在留資格は「留学」に一本化されたため、現在は「就学生」という呼称は用いられない。

[10] 寺倉憲一「我が国における中国人留学生受入れと中国の留学生政策」『世界の中の中国――総合調査報告書』181―198頁（国立国会図書館、2011年）.

[11] 丸山敬介「「日本語教師は食べていけない」言説――その起こりと定着」『同志社女子大学大学院文学研究科紀要』15、25―61頁（2015年）.

[12] 当時、中国からの留学生は外貨の持ち出しが認められていなかったため、留学経費は日本にいる保証人が負担することになっていたが、就学ビザの申請書類のうち、保証人に関する書類の中に多くの偽造文書があったという（日振協

2010）。3章（小木曽）を併せて参照。

［13］佐々木明『金色の夢　就学生という悲劇――上海事件はなぜ起きた?』凡人社（2004年）.

［14］公益財団法人日本国際教育支援協会が実施する、日本語教育を行おうとする者に対する試験。試験。年1回行われる。なお、国家資格としての登録日本語教員のための試験ではない。

［15］文部省は1988年に就業期間、授業時間、教室あたりの生徒数、教員数、校舎面積等を規定した「日本語教育施設の運営に関する基準」を発表した。1989年に発足した日本語教育振興協会はその基準に従い「審査実施要項」をまとめ、申請書類の様式も統一した上で、日本語学校の審査認定を行った。以降、2010年までは、日本振協の審査認定を受け、法務省が日本語学校の告示を行った。

［16］日本語教育振興協会『日本語教育振興協会20年の歩み――日本語教育機関の質的向上をめざして』（日本語教育振興協会、2010年）.

［17］二子石優「日本語学校の歴史的変遷とこれから――「日本語教育機関認定法」制度をめぐって」『東洋大学国際教養センター紀要』2、1―21頁（2024年）.

［18］法務省は2016年に「日本語教育機関の告示基準」を出し、文部科学省および文化庁の意見を聞き、審査認定を行い、日本語学校の告示を行うとした。2024年の日本語教育機関認定法の施行に伴い改定された。

［19］文化審議会国語分科会『日本語教育人材の養成・研修の在り方について（報告）』（文化審議会国語分科会、2018年）.

2章

学習者への敬意と感謝を心に

西原純子さん

公益財団法人　京都日本語教育センター　代表理事

伝統と最先端の地、京都で半世紀に渡って日本語教育に携わってきた西原純子さん。そこには西原さんが出会ってきた学習者への深い敬意と感謝の心がある。端正な語りからは、ことばとその教育のあり方を問い続けてきた西原さんの真摯な姿勢が伝わってくる。

1935年生れ。大学卒業後、テレビ局にて仕事、その傍ら劇団にも参加する。その後結婚し京都に住む。数年後、留学の夫と共に家族でドイツへ。現地の人に日本語を教えることもあり。帰国後は長沼直兄氏の紹介で京都日本語学校に入職。以来、同校で日本語教育の現場に専念してきた。1996〜2001年、龍谷大学特任教授。2011年、公益財団法人京都日本語教育センター代表理事に就任。主な編著書に『日本文化を読む』シリーズ（アルク）など。

フランス大使館の方に日本語を教える

私は大学の専攻が仏文だったのですが、ゼミの指導教授は、当時文学座でモリエール[1]の翻訳をしておられたフランス文学の鈴木力衛[2]先生でした。力衛先生からフランス大使館の方に日本語を教えないかと言われました。どうしたことかと思いましたけれども、ものは経験だということで、二名の方に始めました。教え方も半分フランス語と半分日本語で、そもそも「日本語」のテキストがあることも全然知らずにですね。卒業の前ですから昭和34年（１９５９年）頃、ずっと大昔のことですよね。半年ぐらいの間でしたが、日本語を教えた初めての経験でした。母語を教えるのはこんなに難しいことなんだなと思いました。

長沼直兄先生に教えを請う

大使館の方に教えるのは短期間で終わったのですが、日本語を外国の人に教えるのはどうしたらいいのか、興味を持つようになりました。私の親友が長沼直兄[3]先生に日本語の教え方を習っていたんですが、彼女に長沼先生を紹介してもらいました。その頃日本語を教えることなど、ほとんど誰も興味を持っていませんでした。それでも当時は日本語を教えようと思うと、長沼先生の教えを請わねば、という知識はありましたね。大学を出てから改めて先生に教えを請いました。先生ご自身のこともありましたけれども、そのお近くの先生方からも教えていただきました。

「それではあなたの気持ち伝わらないよ」

大学時代は放送研究会におりました。その縁で、卒業後少しの間ですがテレビ局で働きました。一方で学生時代から劇団のグループにも入っていて芝居もしていました。鈴木力衛先生などのご縁で文学座の方々ともお会いしていたり……何せ私は気が多くて、一つのことを必死にやるというよりも、これもしたい、あれもしたいというのがあったものですから、フランス語と演劇。でも、どうしてもコミュニケーションの活動とは離れられなかったのですね。演劇って表現をするわけでしょ。声だけじゃない、表情だけじゃない、動きだけじゃない、あらゆるもので訴えるわけです。これは、言語の根幹、コミュニケーションの根幹ですよね。間(ま)も沈黙も言語なんだから。今思えば、そうしたちょっとした動きであるとか、声や表情が日本語を教えるときの大切な部分なのですね。それは異文化の人たちに、日本語というものがわからなくても、どうしたら心や気持ちが伝わるかというときの広い意味のことばの方法です。演劇の経験から、そのつもりで表現したものがそうではない、違うと言われることの貴重さを知らされました。演劇でもしていない限り、そんなこと言われることもないし、「それではあなたの気持ち伝わらないよ」なんて、普通のお付き合いの中で、言われないじゃないですか。でも、その練習をさせられていた気がします。

インタビューにこたえる西原さん

ドイツでの経験

結婚して仕事を辞め、京都におりました。3人の子どもを育てるのに忙しくずっと専業主婦でした。その後、夫が社命でドイツのアーヘン工科大学に留学することになり、家族も行くことになりました。その頃は駐在員の奥さまが日本企業で働くドイツの方々に日本語を教えるという機会があったので、私もチャンスがあれば教えたいと思っていました。

で、まあ、ドイツへ行きましたけども、駐在員の奥様が日本語を教えておられました。小学校の教科書でした。私がせっかく勉強してきたやり方と全然違うなと思ったり。私も日本企業で働くご家族で日本語に興味のある人に教える機会もありました。

私たちは、子どもたちを幼稚園も小学校もドイツ人と一緒に学ばせました。私も少しドイツ語を勉強しました。また、アーヘンはベルギーとオランダとドイツの国境の三角地点で、フランスにも近く、夏にはフランスに行ったりしていました。外国人として彼らの母語を習う中で、非常にいろいろな気づきをもらいました。教わる者の気持ちもよくわかりました。不愉快なこともたくさんありました。私は子どもがいたので、忙しくて宿題だとかなかなかできないし……。ドイツ語で「シュネル」というのはさっさと進む、「ラングザム」というのはゆっくりの意味です。いつも「ラングザム」でした。日本に帰って日本語を非母語話者の方に教える時、こういうふうにしたら受け入れられるとか、こういうことは避けたほうがいいということを学びました。

また、学習者同士のコミュニケーションの大切さですね。いろんな国の人が非母語話者として学んでいるわけですけど、学習者同士のコミュニケーションで何かが育っているんですよ。それは、評価精神です。評価っていうのは悪いことじゃないですよね。客観的に見ているわけです。こうしたものは貴重だと思います。ほかの言語、ほかの文化を知ることで初めて気がつくんだと思います。ドイツに行ったりフランスに行ったりしてことばを勉強したり、人と交わって、誤解されたり、笑われたり、そういうことで、ああ、なぜここで違うんだろうっていう気持ち。その経験が私の中で日本に来る人たちに対する深い敬意につながっていると思います。

京都日本語学校に就職

1973年にドイツから帰って、京都日本語学校[4]に就職し、日本語を教えるようになってからは、しっかり長沼スクールのナガヌマ・メソッドの研修を受けました。国研（国立国語研究所）の夏期研修の集中コース[5]もありましたね。これも毎年まいりましたし、ほかにも東京日本語学校のいろいろな先生に教えていただくことができました。ドイツから帰って仕事として日本語教育をするようになってから、本格的に研修を受けたといえます。それから早稲田大学の研修もありました。

京都日本語学校は、長沼スクールの姉妹校で、長沼先生にご紹介いただきました。龍谷大学の特任教授として6年行っておりますけれども、１９７５年から現在まで48年間、この京都日本語学校に在職しています。

最初のころは京都日本語学校の学習者は限られていました。一番は宣教師、それから外交官、その家族。そのあと、京都大学や同志社大学の数少ない研究者、その家族。もう少し経ちますと、ビジネス関係、企業の管理職の方が日本に来られたときの日本語とか。留学生は１９８０年後半、ずっとあとでした。

誰に向かって、どの立場で教えるか——京都日本語学校の新人研修

京都日本語学校の新人研修はすごく厳しかったです。教案はもちろん何度も出しました。授業を何回も見学され、指導の先生からは駄目出し、チェック、チェックで、本当に授業を独り立ちさせていただくには、相当な時間がかかりました。時給３５０円でした。

初めて私が授業を持たせてもらったのは宣教師の方でした。日曜日に説教されるので、その説教を

指導しなきゃならない。母語は英語の人が多く、漢字まではできないので、説教をローマ字で書いて、その区切り方がわからないというので、ローマ字の中で区切っていく。そんなふうに、意味が十分にわかっていないけれども、とにかく日本語で説教する。それでも聴衆に何らかの意味が伝わらないといけないと。そうすると、ただ読むだけではいけない。そんなにぺらぺらしたら駄目ですよと。その辺のことがおもしろくて。たくさんの人に伝えるのか、一人の人に気持ちを伝えるのかでは、表情やその方法が違いますね。ゆっくり、まずここでみんなを見回してとか、そういうことまで入れると、これは舞台とちょっと似ているなと思ったり、そんなこともありました。説教で、いろんな人に伝えるとか、お話を伝えるっていうのはなかなか大変でした。

もう一つの大きな対象は外交官でした。当時は、長沼直兄先生の『長沼読本』をベースにして、通じればよいのではなくて、美しい日本語で徹底的にアキュラシー（正確さ）に徹した授業でした。宣教師にしても、外交官にしても、上質な日本語といいますか、適切なことばを初級であっても、きちっと選ぶ。それから、音声的なもの、マナーを考えたものをきちんと教える。やはり教師のほうもその素養がないといけないと思います。ですので、ことばの教え方とか教授法だけじゃなくて、誰に向かって、どの立場で教えるかということを私も学び、それを大切にしました。

ナガヌマ・メソッドの真髄

媒介語は使わず目標言語だけを使う、それが直接法[6]と言えますでしょう。ナガヌマ・メソッドは修正直接法というのですけれども、最終的には自律学習なんです。発見学習なんです。そのために媒介語で文法とかルールを説明はしませんし、できる段階になってもしないのです。どうするかというと、場面でその事例を出すということですね。この場面の出し方が、ナガヌマ・メソッドの真髄です。適切な場面に学習者を追いやる、追い込みっていっていました。どうしてもそのことばが欲しいという状況に追い込むんですね。既習語で非常に近いもの、中間言語を出して、この場面でこの対人関係では、それは適切じゃないから、もう一つ教えましょうというかたちで教えていく。だから、媒介語による説明は、初級はもちろん、中級になってもしないんです。自分で日本語の法則というものを、母語と比較しながら、こういうふうに成り立っているのかと発見し学んでいく。文法は一つの哲学ですね。そこがやはり日本語を教える面白さの根幹だと思います。そう考えると、日本語教育は本当に奥が深くておもしろい。ことばの底にある考え、その国の文化を知って、共にディスカッションして、共に発見できたならば、世界の中での誤解はずいぶん減るように思います。日本語教育は、平和につながるってすごく思うんですね。私たちの物差しだけで正しいかどうかを考える癖をやめないといけないのかなっていう、そんなことを私は、日本語を教えながらずっと思っています。

「受身がなぜ尊敬語に使われるのでしょうか」

思い出に残っている教室、授業はたくさんあります。ある国の大使の方でした。その方をお教えしたときは、この学校がすごく小さくて、教室は2階の小さな、本当に小部屋でした。立派な国の大使

学校の懇親会（左から二人目が西原さん）

がお勉強なさるにはまことにふさわしくないんだけれども、毎日一生懸命、勉強なさってね。一つひとつ新しい発見をされました。新しく赴任なさるときに、天皇皇后に就任のあいさつをなさるっていうことでロールプレイをしました。一つずつ質問なさってね。「こういうときにはどうしてこの敬語になりますか」と。敬語にもいろいろありますね。「「おられます」と「いらっしゃいます」はどう使い分けたらいいでしょうか」とか。

あるとき、受身について勉強なさって、「受身がなぜ尊敬語に使われるのでしょうか」って言われたのですね。それで、その方にどう思われますかって言ったら、ずっと考えて、「ただ受けるだけのお相手だからですね」とおっしゃったんです。私は感動しました。つまり受身というのは、お相手がどんなことをなさろうと、それをそのまま受けるだけというのは、相手に対する絶対的な敬意ですよね。何をなさろうと、それを断るでも、切るでもなく、直すでもなく、ただお受けするということですよね。受けるだけですよね。初級は被害の受身も習うものですから、「社長が2時に来られました」というような受身の形が、なんで尊敬語になるのかっていう疑問を、大使はその勉強の過程一つずつを振り返りながらご自身で理解された。

私はそのとき本当に、ああ、この方はご自分で日本語の受身というのを理解されたんだなと思いました。例えば「する」という能動の動詞はどこの国でもありますね。だけど、「なる」はその結果を受けるということですよね。「なる」は日本語独特の重さがあります。「する」のは人の意志があって、人為としてするのだから、人の気持ちと責任があります。でも、したけれど「なる」かどうか、結果が出るかどうかは神の仕事ですね。したけどならないということはいくらでもありますね。だから、この「なる」というのは人為から完全に離れます。これはもう、運もある、開けても開かないドアもある。働いても金持ちにはならない、勉強しても上手にならないかもしれない。結果はわからない。日本語の「できる」というのもそういうこと。日本語の「できる」は、自力で50メートル泳げるという、その能力だけをいうんじゃなくて、「する」に対して結果が成就したときに「できた」という。それが「なる」と通じるということ。大使はまだ、初級が終わったばかりですよ。大使が読解の授業の中で、「こういうことですね」って一つずつおっしゃった。その後、日本でお仕事をなさるときに、日本人のものの考え方を少しでもわかったと思ってくださったんじゃないかなと。とても印象に残って

財団設立記念式（右から三人目が西原さん）

いる授業ですね。

財団法人へ移行

京都日本語学校は1984年に財団法人へ移行しています。それまでは任意団体でした。1983年に「留学生受入れ10万人計画」[7] が出て、京都にも進学予備教育をやる日本語学校が林立しました。私たちの小さな学校は、もうつぶれるかもしれないというところまでいきました。ある大学に吸収される話が出ましたが、私たち教員が断固反対してご破談になりました。なんとか生き残るための道として、財団法人へ移行したわけですが、大蔵省や京都府を説得するのに、とても苦労しました。その頃、日本語学校が財団法人になるのはとても大変でした。

私費留学生を受入れ始める

私費留学生を多く受入れ始めたのは、1984年に学校が財団法人になってからです。1980年代、中国の学生がたくさん来ました。むちゃくちゃ勉強する優秀な学生と、一方、家族を支えるために日本へ来た貧しくて借金をたくさんしている学生もいた。そうした人たちは、本当に忘れられないですね。私が校長になったのは、1988年、中国からたくさんの留学生が来ていた頃です。ちょっとアパートに行くと、小さな部屋に何人もいて、卵を週2個しか食べないで国に送金している話も聞きました。

あるとき、ある女子学生が不法就労しているという風評を当時の事務局長が耳にして、彼女を探しに行きました。連れて帰ってきて校長話してくださいというので、別室で彼女と話しました。話しているうちに、「本当によくないと思っているけど仕方がないんだ」と言って、泣き崩れて。抱きしめてやりました。彼女は勉強がすごくできたわけじゃないけど、日本語も好きだった。そして周囲からたくさん借金して来て、お金を返さなきゃならないから、バイトもしなきゃならない。学校から厳しく言われていたからいけないのはわかっていたけれども。うちでは、そうした人は少なかったんだけども、そのときはもう本当にどうしたらいいかと。でも、勉強して約束は守ろうねって言って、彼女は立ち直ったんですよ。つらかったと思うけど、でも、ちゃんと大学に入って、今、立派に生活しているんですね。

学生たちと京都散策

ほかにも、先生、家にご飯食べに来てと、五、六人で言うので、行ってみると、なんと鯉の唐揚げみたいな大きな魚を出してくれたのね。あなた、こんな魚、どこで買ってきたのって言うと、みんな黙ってしまった。どこかの池から釣ってきたんじゃないかしらと思ったりして、どうしたことかと思いました。賀茂川で魚がつれるなんて知らなかったんです。

学生たちを代弁して日本人を説得する役を随分しましたよ。店の人に、「考え方違うんやからわかってよ」って頼んだり、バイトでマナーの悪いことしても、習慣が違うんだからっていうようなことを言ったり。こうしたことを、ただ悪いというのは簡単だけど、私、物差しが違うと思ったんですね。私たちの物差しから言えばとんでもないことなんだけども、違う物差しがあるのだ。自分の物差しでは通じないんだなと。その人の物差しを勉強しなければならないなとも思いました。もちろん、その国の法律を守ることの大切さは常に話しました。

物差しを決めてはいけない

今も勿論、当時の世界の若者たちにも、当然いろんなタイプがあったと思います。でもそれもいい思い出ですね。いろんな学生がいました。でも、いかなる人にも、いかなる国にも、日本に来てくれる、この学校に来てくれるんだということに、ただただ、敬意と感謝ですね。リスペクトですよね。そして、いつでも同等で双方向の文化交流という意識を持つということですね。一方的に私たちの文化を学べというようなことは絶対にしてはいけないということ。

今よりずっと前ですけど、クラスの中で、先生へのクレームで一番多いのは「不公平」でした。この「不公平」はどこから来るかっていうと、差別意識なんですね。もちろん先生に差別の意識なんか全然ないです。でも、受ける方は差別と捉えるんです。私が学生に聞くと、その先生は若い欧米の学生にばかり親切で自分たちは指名してくれないという。区役所に行っても、市役所に行っても、そこの係の人が、欧米人には丁寧にする。そうではないアジアの国々は下に見てね、偉そうにやる、学校もそうだと。先生はまったくそんな意識もないし、していないんだけど、受けるほうは、微妙なんですね。実は私も外国でそういう感覚を持ったことがあります。するほうはその意識がなくても、受けるほうは十倍ぐらいナーバスなんだっていうことね。そういうことを、いろんなことで私は学びました。

それまでは学校では外交官と宣教師とその家族と、学者たちを教えていて、『長沼読本』で、ナガヌ

修了式のパーティー

マ・メソッドで美しい上質な日本語を教えるという考えだった。いつだったか、テキストの中に「女中」ということばがあって、これは差別語じゃないんですかと長沼先生にお伺いしたら「直せばいいじゃないの」って言われたことがあります。

80年代は転換期だった。いろんな価値観があって、いかなる国もいかなる文化も本当にリスペクトすべきだった。物差しを決めてはいけないんだっていうことを実感すると、それから、すごく自由になった気がします。

もう誰が来ようと、どんな人が来ようと、「あなたにはあなたの言い分があるわな」っていう感じで、怖いものなしっていうか。それまでは違っていた。富田校長先生はクリスチャンで貴婦人でしたからね。「もう品のないおことばをお使いになって」みたいな、そういう感じの学校だった。「時給が350円じゃ低すぎます」って誰も勇気がなくて言えなかったですよ。「お金のことなんておっしゃるの」って、そういう雰囲気の中でした。でも私、これじゃ生活できない、若い人はどうするんですかって言いました。それぞれの価値観が違う、人生観が違う、文化が違う中で、これが美しい、これが正しいってどうして言えますか。パーティーでもお茶以外は駄目、アルコールなんてっていうような感じの学校でした。しかし転換期からは、変えました。パーティーや忘年会では、ビールやワインも飲んで。80年代はそういうふうに本当に大きな転換期でした。でもそれまでの長い歴史があるので、変えるのはなかなか大変でしたね。しかし、歴史があるからこそ、現在と未来があるのです。

一緒に、新しい京都をつくる

２０１１年に財団法人から公益財団法人に移行しました。公益法人は日本語教育を公益事業として位置づける。留学生に加え、地域、大学、企業、年少者、外交官……、学習者も様々ですから、高い意識を持ち、目的を明確にする必要があると思います。

私は時代に向かって柔軟に対応できるのが日本語学校の特徴だと思います。大学のような大きなところだと、来週から変えようなんて無理ですよね。機構が大きいですから、手続きもあろうし、準備もあろうし、そうすぐにはできない。日本語学校はいわば地域の田んぼ、あぜ道にあるんです。だからこそ、私たちは自分の立っている地域の日本語教育ができる。東京にいながらでも東北のほうの地域の日本語教育、あるいは浜松あたりの集住都市の研究もできる。でも、自分は住んでいないですよ。だけど、この学校は京都に何十年も存在し、この地域の企業や生活、子どもたちや、病院も介護のこともわかっています。今、「府」や「市」の委嘱などで、私たちは、ボランティアの方の研修に行くのですけれども、そうした中で、京都ならではの事情がたくさんあるんですよね。それをしっかり理解しています。

京都は伝統と最先端が同居している町です。新しいものも好き。明治時代、全国に先駆けて、小学校をたくさんつくったのは京都ですね。市電というものを最初に走らせたのも京都です。京都大学もあります。最先端が大好きで、京セラや島津、堀場製作所、村田製作所は最先端の企業です。こうしたことが京都には歴史的に根づいている。伝統を続けるには、新しいものを入れないと続かない。博物館じゃない。うちの学校も歴史は旧いですが、ただ続けているだけではつぶれますね。80年代に中国から学生を受け入れるのもずいぶん反対がありました。でも、これが国の新しいニーズだと言って受入れました。それが私にとっても大きな転換期になったと思います。

今また転換期です。日本は特定技能1号、2号[8]の新しい外国人の労働者を受け入れます。移民国家ではないと宣言しながら、実体は移民ですからね。「我々は労働力を呼んだが、やってきたのは人間だった」っていうのは、ドイツ人のことばじゃないですか。今、日本が言わなきゃいけないですね。私はそのことも自分のドイツ体験の中で知りました。

外国人と一緒に新しい市民生活をつくる。どんなことがあっても、市民生活が脅かされる心配が京都はないんです。それだけの歴史と伝統がありますから、どんなに新しいものが入っても、それで揺らいだり壊れるなんていう心配はない。だから、私たちのこれからの使命は、日本語を教えるという、それはもちろん根幹ですけれども、新しい、いろいろな文化の人たちを受け入れて、その人たちと、この古いまちに誇り高く暮らしている京都の市民たちと、一緒に、新しい京都をつくることです。今すでに伝統と先端は共存しています。そこに新しい異文化を入れた三つ巴の文化を、この街はつくれる。それだけのことができる街なんですね。外国の人たちを支援するんじゃなくって、一緒に仲間として入れて、質高く、伝統に恥じない京都をつくっていけると思います。

だから、これからは本当に大事な時代だと思う。ちょっとおこがましいですが、それを私たちが牽引するっていうか、パイオニアとしての役目を果たせたらすばらしいと思います。

地域の人たちとともに

これから日本語学校はいろんな種類の学校ができると思いますよ。進学予備教育の日本語学校もあるだろうし、ビジネスに特化する日本語学校もあるだろうし、地域の生活者等々の教育に徹するところもあるでしょう。専門学校に近いような日本語学校もあるかもしれない。語学も学ぶけれども、料理の資格も同時に取るとかね。そういうことがないと、日本語だけを学んで帰るには、時間とエネルギーとお金を考えるとどうでしょうね。昔ならそれで十分だった。今ツールが違うじゃないですか。今は本当にネットの時代で、たいていのことはスマホの中で知る時代に生きている。ですから、人と人が対面でしか得られないものは何だろうっていうことに焦点を当てたプログラムをつくり、授業を組み立てていかないともったいないと思います。

これから地域に働く外国の人たちなど、日本人ではない市民が増えるということになると、日本語学校が一つのよりどころというか、困ったときの相談の場になってもいいと思う。今まではボランティアの方が彼らを支援してきた。これからの日本語学校は地域の人たちとともに一緒に市民生活をつくっていくんだという意識の転換が必要です。このことをどうすれば具体的にできるかと。困ったときの相談もいいし、そこで楽しいコミュニティができるっていうのもいいし、情報が得られることもいいと思う。日本語学校は街のどこかにあるわけですから、こうした民間の日本語学校が、これからそうしたよりどころの場所になることもいいですね。日本語教育だけじゃなくてね。この街にある日本語学校が、これから多くの外国人を受け入れたときの大切な場所になっていけたらなと思います。

あなたしかないものを持った教師に

日本語教育にはいろいろな人が必要だと思います。それぞれが日本語教育の専門的な領域で勉強することは大切でしょう。でも、もう一つ、あなたでないとできないもの、あなたしか経験していないもの、一人ひとりがあなたしかないものを持った教師になっていただきたいと思います。

ただテキストが標準的に教えられるとか、文法の知識があるというような語学の先生でおさまらないで、もう一つ、例えば、生活者のためだったら、あなたの好きな料理の仕方を教えられるのもよいし、ファッションでもいいです。それから、医療的なことでもよい。ほかの領域の専門的な知識でもよい。何かもう一つ自分のものを持ちながら、そしてそれを大切に伝えられたらいい。これからの日本語の先生っていうのは、ツールとしての日本語だけの語学教師にはおさまらないのでね。いろんな生き方があるんだから、どうぞ、もう一つの何かを持ってください。そして、学習者の文化への敬意を持つこと、そして敬意を持つためには知ろうとすること。今はこうした時代ですから、知るツールはいくらでもあるわけだから、双方向的に勉強してほしいです。

〈注〉

［1］モリエール（1622〜73年）。フランスの俳優、劇作家。鋭い風刺を効かせた数多くの優れた喜劇を制作し、フランス古典喜劇を完成させた。

［2］鈴木力衛（すずきりきえ、1911〜73年）。フランス文学者、演劇評論家。モリエール研究の第一人者。

［3］長沼直兄（ながぬまなおえ、1894〜73年）。日本語教育者。ハロルド・E・パーマーが提唱した教授法「オーラル・メソッド」の影響を受け、これを日本語教育に応用して「ナガヌマ・メソッド」を開発した。『標準日本語教育読本』巻1〜巻7（1931〜37年）を作成。1941年日本語教育振興会理事。戦後、財団法人言語文化研究所附属東京日本語学校（長沼スクール）を創立、生涯を日本語教育に尽力した。

［4］1950年、I.B.C.（Interboard for Christian Work in Japan）が宣教師に対する日本語教育を目的として設立。初代校長アリス・グイン。現・公益財団法人　京都日本語教育センター京都日本語学校。

［5］1976年度から1992年度まで国立国語研究所主催の日本語教育夏季研修会が開かれていた。

［6］学習者の母語や媒介語を使わず、原則として目標言語だ

けで指導する教授法。ダイレクト・メソッドとも呼ばれる。

[7] 1章を参照。

[8] 2018年「出入国管理及び難民認定法及び法務省設置法の一部を改正する法律」の改正により新設された在留資格。「特定技能1号」「特定技能2号」がある。人材を確保することが困難な状況にある産業上の分野において、一定の専門性・技能を有し即戦力となる外国人を受け入れていくもの。

3章

留学生に学び、留学生を守る

小木曽 友さん

公益財団法人アジア学生文化協会　元理事長

社会運動家であり社会教育家であった穂積五一氏のもと、アジア学生文化協会に立ち上げから関わってきた小木曽友さん。穂積の思想を受け継ぎ、チュア・スイリン事件など留学生をめぐるさまざまな課題と向き合ってきた小木曽さんの歩みを辿る。

1934年生まれ。東京大学の学生時代より穂積五一の主催する新星学寮、アジア文化会館で留学生との共同生活を経験。その後、1962年に財団法人アジア学生文化協会へ入職。留学生の生活・勉学の支援に取り組む。1994年、同協会の理事長に就任。主な著作に『啄木と「昴」とアジア ――ラビシャンカールのシタール響く』（沢木あや子との共著、2012年、ブイツーソリューション）。

穂積五一先生との出会い

アジア学生文化協会（以下、ＡＢＫ）には、留学生の立場に立って、留学生を守ろうとやってきた歴史があります。その歴史は、新星学寮にまで遡ります。創始者である初代理事長の穂積五一[1]がいるんですが、私は、東京大学の農学部の学生時代、１９５６年（昭和32年）、新星学寮に入って、そこで穂積五一先生に出会いました。

穂積先生は郷里が愛知県の三河で愛知県立豊橋第四中学校に通われていたんですが、実は、そこで私の父と同級生だったんです。戦争が始まると父は私たち家族を疎開させて、東京で大学の講師をやっていたんですが、自分は新星学寮の前身になる至軒寮[2]に住んでいたんです。それで帰ってくるとよく穂積先生の話をしていました。五一さんは、魚を食べると、綺麗に骨だけ残し、その上にお茶を注いで飲むんだっていう話をしていて、子どもの頃にえー！　って思ったことがありました（笑）。というのも穂積先生は禅寺で修行された方なんですね。だから、穂積先生の存在は子どもの頃から知っていました。

東大は2年生までは駒場で教養を学んで、3年生から本郷に移りますが、その時、父からの紹介で新星学寮に入居することになりました。そこで、実際に初めて穂積先生にお目にかかったんです。初めて会った時、すごく朗らかに笑われるんですね。その声がとってもさわやかでした。難しい話なんかはされないで、新星学寮ではみんな食事を自分でつくるんだけど、自炊なんてやったことがない人

ばっかりなんでね、わかめを全然切らないでまるまる入れて味噌汁つくったりしたんだよ、わははは
っていう感じでお話されるんです。それで、私も受験の疲れもあったりで悩んでいた時期だったんで
すが、すごく心があったかくなった記憶があります。

すべて自分たちで――新星学寮

新星学寮は、本郷の東大のそばにあったんですが、昔の旅館を買い取ったような古い建物で、そこに20人くらいの寮生が生活していました。穂積先生は東大の法学部出身ですが、日本にある貧困や格差といった社会の不合理を改善するために、就職しないで社会運動に携わっていらっしゃいました。戦前、前身である至軒寮は労働者や農民も生活する社会運動の拠点のような場所だったんですが、戦後、新星学寮と名称を変更し、学生寮となりました。昭和20年代後半から30年代は、まだ貧乏な学生が多かったです。穂積先生は、そういう学生を育てたいということで、新星学寮を運営していました。だから、部屋代も無料なんですね。寮費は食事（自炊の食材料）と水道高熱費だけでしたから、相当安かったと思います。穂積先生の禅寺での修行の経験がもとになっていると思うんですが、食事は、当番制で朝晩自分たちでつくります。掃除も自分たちです。私も2年間そこで生活しましたが、とても助かりました。

これは、穂積先生の考えだったのですが、すべて自分たちで主体的に決めて、学生たちが寮を運営していました。月に1回、寮会というのがあって、みんなで話し合って、寮の規則を決めるんです。

初期の新生学寮

自治寮という感じでした。私が新星学寮に住んでいた頃には、すでに留学生も暮らしていました。建物はおんぼろだけど、日本人も留学生もいるし、食事から掃除から寮での規則づくりまですべて自分たちで自主的に決めて責任持ってやるというのが、留学生にとっては新鮮だったみたいです。当時は留学生寮なんて今ほどたくさんいなくて、待遇もよくなかったんです。官僚的で管理されるような感じで、留学生がストライキをやったりした寮もありました。それで、新星学寮に行けば、穂積先生がいろいろ助けてくれるらしいといううわさを聞いた留学生が移ってきたんです。新星学寮では、留学生と日本人が本当に腹を割って話せる関係ができていたと思います。寮の会計もほとんど学生に任せられていたんですが、ある留学生に聞いた話では、寮の急須が壊れたとき、新しいのを買うべきかどうかという話題で徹夜で議論したそうです。当然、日本人の学生もいたわけですが、そんなことを徹底して議論するようなところは他にない、こういうことを経験することで本当の友だちになれるんだってその留学生は言うわけです。私もそれを聞いて、ああ、そうだなって思いました。

留学生支援の拠点――ＡＢＫの立ち上げ

そんな新星学寮のことを知った留学生たちが、日本人と一緒に生活していい雰囲気で勉強もできる寮がもっとほしい、こういう寮をつくってもらえないかと穂積先生に頼んだんですよ。その頃、ちょうど私は新星学寮に住んでいました。

そうした留学生たちの要望を受けて、１９５７年にＡＢＫを立ち上げ、新しい寮をつくる準備に入りました。ちょうど、同じころ、当時の通産省の主導で発展途上国から技術研修生を受け入れる構想が動いていて、留学生寮の建設に奔走する穂積先生に、受け入れと生活のサポートをあわせて委任するという案が浮上しました。そこで、アジアの技術者養成をめざす主要機械メーカーで組織する日本機械工業連合会とＡＢＫによって、１９５９年に「財団法人海外技術者研修協会」が設立されました。のちの「一般財団法人海外産業人材育成協会」[3]（ＡＯＴＳ）です。

そういう経緯もあり、１９６０年、留学生と技術研修生が生活する宿舎として、アジア文化会館が竣工します。だから、ＡＢＫは、当時、日本語学校はまだなくて、宿舎だったんですよ。新星学寮と新しいアジア文化会館を運営するという形です。その理念は、新星学寮時代のそれを継承していて、日本人も一緒に生活して、留学生と日本人が生活を通じて共に磨きあっていくというものでした。そこで、当時、農学部の大学院に進学することになっていた私を、穂積先生は、アジア文化会館に住むように誘ってくれたんです。

「ごみを拾え」

穂積先生がこのアジア文化会館をつくったときに、私たちに二つのことを言っていました。初めに言われたのは、「ごみを拾え」っていうことです。留学生と技術研修生をあわせると約30カ国の人が入れ替わり立ち代わり、アジア文化会館で生活していました。アジアだけじゃなくて、アフリカとか、中近東とか、南米とか、そういう人が１００人くらいいたわけです。ことばも違えば、風俗、習慣、宗教も違います。キューバの学生なんかもいましたから政治体制も大きく違うんです。だから、そういうときに日本人が自分たちの理屈を言ってもしょうがない。だから、とにかく、きれいにしろって言うんです。

そのころは習慣によるんだけど、ぺっと痰を廊下に吐いたり、たばこ吸ってそのへんに吸い殻を捨てたりする人も多かったです。穂積先生は朝来ると黙ってそのごみを拾って歩くんです。それを留学生が見て、びっくりするわけです。それでみんなごみを捨てなくなりました。みんないろいろ違うところで理屈を言っても始まらない。だからとにかくきれいにするんです。ごみが落ちていたら拾いなさい、それが第一歩だよって穂積先生は言うんです。

二つ目は、留学生に学べって言うんです。留学生は日本に勉強に来るんだから、留学生が日本人に学ぶというのが普通じゃないかと思いますよね。最初、私もそう思いました。ところが、1960年と言ったら、まだ戦争が終わってそんなに時間が経っていない頃です。だから、留学生の中には植民地支配を受けた国から来た人もいて、実際に親を殺されたっていう人もまだいたんです。そういう歴史をみんな背負っているので、日本とアジアの国の関係は対等じゃないです。日本は加害者の歴史を背負っているし、向こうは被害を受けた歴史を背負っている。日本に来たんだから、日本ではこうやるんだからって上から目線で言っても仲よくなれないよと穂積先生は言うんです。まず、日本は日本の歴史を振り返ることが必要です。留学生が日本人につっかかってくる場合も、そういう歴史的な背景があって、今ここで怒っているのかもしれないから、まず相手の言うことを聞きなさいと言っていました。だから、とにかく相手のことよく聞いて、ああ、この人がこうやって怒るのは、こういう理由があるんだなということを理解することから始めなければいけないんです。

「ばかって、言っただろう?」

私にもこういう経験があります。何かの拍子で「そんなばかなことないだろう」って私が言ったんです。そうしたら一緒に話していた人じゃなくて、それを聞いていた別の留学生が、「おまえ、今、何言った?」「ばかって、言っただろう?」って掴みかかってきて怒るんですよ。私もびっくりして、あわてて釈明しました。その人はまだあまり日本語ができないんだけど、幼い頃日本軍が来て自分の国の人たちをいじめるときに「ばか」って言ったのだけ覚えていたそうです。それを聞いて、私も、ああそうか、こういうのは言っちゃいけないいんだと学びました。

その頃の私は穂積先生の言っていることがまだよくわかってはいないんだけど、とにかく言われたとおりやっていると、何となく留学生と仲よくなってきました。そのうちに留学生が困ったときに助けたりすると、本当に仲よくなっていきます。そうすると、もう何でもしゃべれるようになります。最後は、相手も言いたい放題言うけど、こっちも言いたいことも言えるという関係になりました。

そんなふうにアジア文化会館で生活しながら、大学院を卒業して、そのまま1962年に今度は職員としてアジア文化会館で働くことになりました。なので、私は、新星学寮時代からアジア文化会館ができるまで、穂積先生の始められた留学生支援の運動のそばにいたんです。それがきっかけでこの世界に入ったと言えると思います。

留学生を守る——チュア・スイリン事件

ABKは学生寮としてスタートしましたが、穂積先生の教えもあり、ずっと留学生支援に深く携わってきました。たとえば、1964年には千葉大学で、シンガポール(当時マラヤ)からの国費留学生、チュア・スイリンさんが除籍になるという、いわゆるチュア・スイリン事件が起こり、協会も深く関わるようになりました。[4] 当時、シンガポールは、イギリスの自治州だったんですが、1963年9月16日にマラヤ連邦、英領サバ・サラワクと併合してマレーシア連邦となりました。この連邦結成には、民族の分断や植民地の温存だという批判が内外であり、当時マラヤ連邦から日本に留学していた青年たちもマラヤ大使館やイギリス大使館に抗議しました。それに対して、1964年、マレーシア政府が留学生会の主席だったチュアさんの留学資格の取り消しを決め、日本政府に伝えました。そこで文部省が国費留学生の奨学金を打ち切ったんです。さらに、千葉大学も除籍処分を決定しました。これに対して、留学生たちは文部省の奨学金打ち切りを不当として、文部大臣に処分取り消しを求める訴訟を起こしました。

チュアさんは、アジア文化会館の寮生ではなかったのですが、その先輩のヘン・フチョンさん（現在在ドイツ、前ボン大学講師）が寮生だったんです。そこで、職員の田中宏[5]に相談がありました。田中さんは、私の二つ下の学年ですが、新星学寮出身でABKの職員をしていました。とてもこの事件に入れ込んでいて千葉大学に連日通い詰めていました。当時の新星学寮でも、この問題を知ろうということでチュアさんとその先輩のフチョンさんを呼んで話を聞いたりしていました。それで、このまま話を聞いただけではいけないとなり、東工大や早稲田など6大学のアジア関係サークルと連名で文部省に奨学金取り消しの撤回を求める署名を送りました。

千葉大では、日本人学生も巻き込み、チュアさんの除籍撤回を求める運動が広がっていきました。結果、1965年に、学生1500人が取り囲むなか、千葉大学は11時間におよぶ評議会を経て、チュアさんの「再入学」を決定しました。同年、シンガポールは、マレーシア連邦から独立しています。裁判の方は、起訴から4年半を経て、1969年にチュアさんらの全面勝利という形で決着しました。

「ブーさんを守る会」――ブー・タットタン事件

もう一つ例を挙げると、ブー・タットタン事件というのがありました。ベトナム（当時南ベトナム）の留学生で、アジア文化会館に住んでいたブー・タットタンさんが、東大4年生だった1966年4月に、パスポートの延長が認められなかったということがありました。ブーさんは、1965年にアメリカによる北ベトナムへの爆撃、いわゆる北爆が始まると、在日ベトナム留学生協会のデモへの参加が密告されたため、南ベトナムがパスポートの延長を認めなかったとされています。帰国すれば処刑は間違いないと言われていました。ブーさんは、パスポートがなければ、ビザの延長申請もできないと思い、そのまま在留期限が過ぎてしまい、不法残留という形になってしまいました。そこで、ブーさんの相談を受けた田中さんが、法務省に特別許可で救済するように要請したんです。しかし、法務省は、1967年の3月に国外退去強制令を出しました。

この事件のことを聞いた穂積先生や私たちも、それはおかしいじゃないかと憤りました。政治的な理由の前に、いったん学生として引き受けているのだから、学生を守る義務があるはずです。帰れば命を落としかねない状況での政府の対応は容認できるものではありませんでした。そこで、新星学寮生たちは「ブーさんを守る会」を立ち上げ、署名運動に奔走し、10万の助命嘆願の署名を全国から集めました。また、穂積先生は、当時の東大総長であった大河内一男先生――大河内先生は、後にＡＢＫの二代目理事長になるんですが――のところに行って説得するんです。留学生として受け入れた以上、彼らが学業をまっとうするまで、日本には彼らをちゃんと守る責任があるんだと言ってね。それで大河内総長から法務省に在留許可を出すように要請がいったんです。こういうことがあり、ブーさんは無事、在留許可を得ることができました。このような例がたくさんＡＢＫにはあります。私たちには、留学生の立場に立って、その留学生を守ろうってやってきた歴史があるんです。

10万人計画前史——留学生相談室開設

70年代になると少しずつ留学生が増えて来ました。私たちのところには、中国系のマレーシア留学生が多く来ていました。マレーシアは、１９７１年からブミプトラ政策[6]というマレー人を優先する政策をとりました。その結果、中国系のマレーシア人は、大学入学試験でいい成績をとっても、いい大学に入るのが難しいという状況が生まれ、欧米を中心に海外へ留学する人が増えたんです。欧米に比べ、比較的生活費も安く、アルバイトもできるというので、日本へ留学するマレーシア人も増えていました。国際学友会や亜細亜大学の留学生別科に多く在籍していたのですが、彼らはマレーシア留学生協会というものまでつくっていました。そこで、先に来た留学生が後輩や、これから日本語学校に来る学生を支援したりしていました。

彼らは日本語学校や留学生別科にいて大学進学をめざすのですが、非常に苦労していたんですね。今と違って、当時は留学生の大学進学のノウハウがないわけです。大学も留学生の受入れ制度を整えていない時代です。日本語学校でも十分に受験対策がやられていないし、情報も少ないのでどの大学へ行けばいいのかもわからないんですね。そこで、穂積先生やＡＢＫのうわさを聞いて、寮に住んでいない留学生も相談に来るようになりました。

受験勉強、進学相談が多かったです。ＡＢＫでは、そのような相談に対応するため、１９８０年に留学生相談室を立ち上げました。私は、長くその相談室の業務に携わってきました。受験勉強の仕方がわからないというので、アジア文化会館の一室で、土曜日に「受験教室」というのをやっていました。マレーシア留学生の先輩たちが中心で、受験対策の授業をするんですが、ＡＢＫの職員たちもみんなひっぱりだされました。私は理系だったので、数学を教えろって言われて教えていました（笑）。

もう一つ多かったのはビザの相談ですね。自分たちの兄弟や知り合いが日本に来るための支援をしたいというのがあります。当時、日本のビザを申請するためには、日本に身元保証人がいるっていうのが制度だったんですよ。[7] 最初は留学生の数自体が少ないから、身元保証人を見つけることもできていたんですが、留学生の数が次第に増えてきて保証人を見つけるのが大変になったんです。そもそも身元保証人制度自体が不合理な制度で、私たちも反対の声を上げてきました。１９９６年に制度が廃止になるんですが、まあ、でも当時はそういう制度があるので、仕方がありません。で、そのころは収入や職業など一定の基準を満たしていないと保証人になれませんでした。それで、みんな困って、協会に身元保証人になってもらえないかと相談に来たんです。当時の日本語学校は身元保証人になったり、紹介したりということを十分にしてくれなかったみたいで、いろいろな学校から相談に来ていました。

それで、私たちが法務省と掛け合って、うちは私費留学生支援を目的とした団体なので、ＡＢＫが連帯保証人になれれば、収入などの審査なしで主婦の方などでも保証人になれるようにしてもらったんです。おそらく、「留学生受入れ10万人計画[8]」を準備しているころですから、法務省の方でも当時の制度では受入れが進まないと考えたんだと思います。都内10カ所ほどの日本語学校から留学生たちが相談に来て、一番多い時で、８００人くらいの保証人を引き受けていました。

「留学生受入れ10万人計画」が始まる前、民間の団体が一生懸命、留学生の支援をして、政府に働きかけたりといった活動をしていたという、まあ「10万人計画の前史」ですね。私たちの協会だけではないと思いますが、みんな、非常に苦労しながら、手弁当でやっていました。

「おれたちの日本語学校をつくってくれないか」——日本語コースの開設

土曜日の受験教室などもあって、保証人のことなど私たちの協会と一緒に協力してやってきたマレーシアの学生たちから、「おれたちの日本語学校をつくってくれないか」という訴えがありました。１９７９年から中国人留学生の受入れも一部再開していて、これからもっと留学生が増えてくるという機運もあり、じゃあ、つくろうかということになりました。そこで、１９８３年、アジア文化会館の中に日本語コースを開設しました。当時は、まだ都内に日本語学校は10校くらいしかなかったんじゃないかと思います。初めの定員は60人くらいで、そのほとんどがマレーシアの学生でした。彼らが夏休みになると自国にもどって後輩たちに宣伝して学生を集めてきてくれました。だから、最初はマレーシア学校なんて呼ばれていました。

最初、日本語コースでは、全日制にして九時から五時まで授業を入れました。大学受験に対応できるように日本語だけじゃなくて、英語や数学の授業もしていました。ただ私費留学生が増えてくるとアルバイトで生計を立てなきゃいけないという人が多くなって、全日制のみだと学生がなかなか集まらなかったりして、半日制のコースをつくりました。

ただし、学業を続けるためにアルバイトをするんであって、出稼ぎ目的のような学生は入れませんでした。心ある人に、「小木曽さん、ほんとにね、この日本語学校を続けるためにはね、絶対そこを妥協しちゃ駄目だ」って言われたんです。だから、80年代後半になって、中国から何万人も来たときも、うちはエージェント[9]を使った学生募集はせずに、本当に日本で勉強したい留学生だけを受入れていたんです。宿舎を20年以上やっていましたから、アジア文化会館出身の人たちがアジアの国々にたくさんいて、彼らが学生を紹介してくれました。

教科書『みんなの日本語』が生まれる

前に言いましたように、通産省からの話で、ＡＢＫが主体となって、１９５９年に「財団法人海外技術者研修協会」が設立されました。発展途上国から企業に技術を勉強しに来る、ＯＤＡ[10]でその人たちを支援するお金を出すという制度だったんですね。当初は、アジア文化会館と事務室や宿泊施設の利用契約を結んで、本部がアジア文化会館の中にありました。１９８０年には独立して足立区に移転しました。それまで、ここで20年一緒にやっていたんですよ。

で、これも穂積先生の考えでしたが、研修生たちは、日本の企業に3カ月とか6カ月とか、勉強しに来ますが、必ず5週間、日本語や日本文化、日本で生活するのに必要な知識などを学ぶようにしていたんです。そこから、ABKの日本語教育がスタートしていると言えます。だから、後にABKに日本語コースをつくったときも、多くの先生たちは、「財団法人海外技術者研修協会」で教えていた先生たちでした。「財団法人海外技術者研修協会」が移転する時に、日本語の研修を担当していた部署の一部は、出版社として独立します。それがスリー・エー・ネットワークです。だから、そこからつながって『みんなの日本語』[11]などの教科書も生まれていくんです。

全国の多くの日本語学校が『みんなの日本語』を使っていますが、あの教科書の背景には短期の日本語研修があるんです。短期でしかもいろんな国の人が来るでしょう。だから、必ず各国語版の解説書も一緒につくったわけです。だから他の教科書より対応している言語が多いので、使いやすいんですね。

ABK卒業生による寄付

ABK日本語コースの歴史のなかで、私にはどうしても忘れることのできない出来事があります。老朽化した日本語コースの建物を耐震構造のビルに建て替え、同時に東京都より学校法人ABK学館設立の認可を得たことです。都の認可条件の一つとして5000万円以上の準備金が必要となり、そのためＡＢＫ卒業生に寄付をお願いしようということになりました。一年以上に及ぶ呼びかけに応じてくださった全世界１０２０件の個人・団体から５８００万円の寄付金が集まりました。寄付者のお名前を刻んだ銘板がＡＢＫ学館日本語学校の玄関の壁に掲示されています。２０１３年、新しい耐震構造の校舎の完成と同時に、学校法人ＡＢＫ学館、ＡＢＫ学館日本語学校が東京都より認可されました。日本語学校の校舎の建設資金の一部を卒業生の寄付によって賄うというようなことは稀有のことであり、また、学校法人、学校、校舎を全てゼロから立ち上げて同時に認可を取得した日本語学校の前例は、少なくとも近年の記録には見当たらないと都の担当者を驚かせたものでした。ＡＢＫがアジアの人々から信頼され愛されているということを改めて認識し、私たちＡＢＫ関係者の大きな励ましになっています。

民から公へ――留学生相談ネットワーク発足

日本語コース開設に伴い、身元保証人の引き受けはアジア文化会館の留学生に限定するように変わったんですが、留学生相談室は続けていました。80年代前半は、まだ大学も私費留学生を積極的に取ろうという意識はなかったと思います。来るんだったら、しょうがないから入れてやるというような雰囲気でした。だから、留学生相談室には、私たちの日本語コースだけでなく、都内の日本語学校から留学生たちが受験相談に来ていました。私費留学生はまだお金がないから私立大学は難しくて、国立を希望していました。でも、都内の有名国立大学に入学するのは本当に難関だったので、私たちは、留学生たちを連れて、地方の大学を行脚しましたよ。まだ、留学生入試などがしっかり制度化される前でしたから、山形大学、高知大学、鹿児島大学など全国の大学を回って、留学生を受け入れるようにお願いして回りました。すると、向こうも、「ああ、わかりました」って言って入学を認めてくれたりしましたね。

「留学生10万人受入れ計画」以降、私費留学生が増加し、中国からの私費留学生が爆発的に増える中で、相談も増えていました。当時、留学生相談を熱心に行っていた民間団体には、私たちのほかに、東京YWCAの「留学生の母親」運動[12]と、福島みち子先生[13]が代表を務めていたボランティアグループ「留学生相談室」というのがありました。それで、その三つの相談室で話し合って、1998年に留学生相談ネットワークを発足させました。留学生相談ネットワークでは、留学生相談対応の質の向上や留学生受入れ環境の改善を目指して、情報を共有したり、相互に連携したりしました。たとえば、身元引受人制度に反対する意見を出すなどしました。

また、留学生の進学相談が多かったので、三つの団体で協力して、外国人留学生のための大学進学説明会をやったんです。第一回は、東京YWCAで開催しました。嵐の日だったんですが、それでも1000人くらいの留学生が参加して、すごく好評でした。何年か続けたんですが、一回開催するのに500万円ほどかかってしまい、とても私たちでは賄えないとなってしまいました。それで、文科省に相談して、駒場にあった日本国際教育協会の方で開催する公的なイベントになりました。[14]だから、留学生相談は、民間の留学生支援団から始まり、徐々に形になっていく中で、公的なものになっていったと言えると思います。このように、多くの留学生支援は、私たちのような民間の団体が手弁当でやるところから始まって、やがて公的なものなっていきました。この民から公へというのが、私たちが身をもって経験した留学生の歴史なんです。

四代目理事長に就任——日本語教育の制度づくり

1995年にABKの四代目理事長に就任しました。同時に、協会の日本語学校である日本語コースの校長も兼任するようになりました。日本語学校の立場から、日本語教育の制度づくりに関わってきました。ABKは、日本語コースができる前から、留学生支援の伝統があり、政治に対しても発言してきたということも大きかったと思います。

例えば、1988年に上海事件[15]が起こったことを受けて、法務省もこのままではいけないとなりました。1989年に日振協[16]ができたというのもこの流れですが、もう一つ、1990年に、法務省の入管局の中に、就学生受入れ問題懇談会というのができました。座長が東大の西野文雄先生[17]でした。そこで、就学生受入れの問題をいろいろ議論したんですが、その成果は『日本語就学生の受入れの在り方　入国・在留の問題点と課題』という冊子として刊行されました。[18]私たちは、「グリーンブック」って呼んでいます。日本語学校から、その懇談会に呼ばれたのは私だけでした。当時、中国の留学生を受け入れるためには、多くの書類が必要でした。不正書類が多かったので、不正ではないことを証明する書類なども求められて、日本語学校は、書類を揃えるのが大変だったんです。そこで、私は、

日本語コースの修了式

収入証明書などの偽造書類や留学生受入れの不正の責任は、その日本語学校が負うべきだということを言いました。つまり、不正が発覚したら、あとから留学資格を取り消して、不正を出した日本語学校はペナルティを負うという考え方です。私だけの意見ではなかったですが、このような考え方がいわゆる「適正校[19]」などにつながったと思います。そうすると、ちゃんとした受入れをしている学校は、申請書類が少なくて済むんです。

また、２００２年から、日本留学試験が始まりました。日本語能力試験は、学習者の日本語能力を測るもので留学支援のためのテストではないので、大学の入学試験には合わないんじゃないかっていう声がありました。それから、私費外国人留学生統一試験[20]という基礎科目の試験もあまり評判がよくありませんでした。それで、やっぱりこれも何とかしなくちゃいけないんじゃないかって、日振協の中に日本留学生試験検討委員会というのをつくって、私が委員長になりました。日本語能力試験のどこがよくないかと私費外国人留学生統一試験のどこがよくないかということを議論しました。そして、留学生のための試験にふさわしい試験をつくるべきだという意見をまとめました。日本留学試験ができた一つの背景になったと思います。

そのときに、試験のテスト版をつくりました。テストをつくる中心になった先生は大学の先生でしたが、全国の日本語学校からスタッフを募集して、日本語学校の先生たちが実際の問題をつくったんです。それから、テスト版をするときは、日本語学校に呼びかけて日本語学校を会場にしてやったんですよ。アジア文化会館でもやりました。

それから、日振協の理事の仕事として忘れることのできないのは「ガイドライン」[21]の制定に携わったことですね。当時の日本語学校には、学生が逃げ出さないように多額の預かり金を納めさせたり、ビザが出ないために来日・入学が不可能になった学生にも納入金を返さないなど不当な扱いがあり社会問題化していたために、改善のためのガイドラインをつくろうということになりました。そこでガイドライン検討委員会を設置し、私が委員長を任され、一年かけて検討・作成しました。

このように、留学生の制度をつくるとき、実は民間が先に声を上げて、それを文科省が引き継いだっていうことがよくあります。必ず民間人の努力があります。だから、「留学生受入れ10万人計画」の実現というのが大きな川だとしたら、そこに流れ込む小さな川いっぱいあって、上流のほうは、その川はそんなに太くなかったわけです。それをね、だんだん、その小さな川が集まって、だんだん大きな川になったということが、私の経験ですね。

新星学寮再建

私は、60歳のときに理事長になって、もう20年もやっています。[21] だから、そろそろもう邪魔にならないように引退しようかと思っているんです。もともと農学部出身で、研究者になろうと思っていた人間ですから、事業をやるようなタイプではないんです。それが、どういうわけか、いまだにやっています。そこには、やっぱり人間関係というのが大きいです。新星学寮で穂積先生に出会って、そばで活動を見ていて、その後も見様見真似で夢中にやってきました。それから、時々、昔の寮生がここを訪ねてきます。日曜日に「小木曽さん、いる?」って来ることもあって、「今日は、日曜日だからいませんよ」って言われると、「えー、日曜日だといないの?　アジア文化会館も変わったなあ」って言うそうです。昔は、私もここに住んでいましたから。なんか、そういう話を聞くと、ああ、簡単には辞められないなって思うんです。新星学寮時代からの歴史と、そのときから今まで出会ってきた人との関係がありますから。

その新星学寮ですが、今でもあるんですが、戦前の日本家屋を改装したもので、もうすごい古い建物なんですね。地震が来ればいつ壊れるかわからないので、協会としては取り壊そうということになっていたんです。アジアからの留学生も昔に比べて豊かになったし、時代も変わってよりプライバシーを重視するようになりましたので、共同生活というのを嫌厭する学生もいます。昔と違って今は留学生寮も多いですから、住む人も減ってきていたんですね。

でも、壊そうかという話をしたら、昔、新星学寮に関わった元学生たちが、「新星学寮がなくなってしまうというのはとんでもないことだ、ここには、日本のアジアからの留学生の大切な歴史が刻まれているんだ」って言うんです。先ほど話した通り、シンガポールやベトナムの留学生たちを支援してきた歴史があります。ほかにも、タイの学生や台湾の留学生たちを支援した、その中心に新星学寮があったわけです。そこで活動してきた人、助けられた人、留学生にとっても日本人にとっても想い出が深いんですね。

それで、彼らが、3年前から新星学寮を建て直そうという運動を始めました。昔、寮に住んでいたとか、留学生の支援活動に関わっていたという人が20人くらい集まって検討委員会をつくり、毎月、話し合いをしていました。もう、みんな60代、70代の人たちですけどね。もともと、新星学寮は協会の所有なので、途中から私たちもその話し合いに加わりました。実を言うと、去年の12月から建て直しが始まっていて、6月には新しい新星学寮が完成します。

建て直しには9000万円かかるんですが、3000万は協会が負担しました。そして、3000万は、卒業後も日本で働いていたベトナム人が中心となって、世界中に散らばる新星学寮やアジア文化会館出身の人たちに寄附を呼びかけました。みんな新星学寮を残すために寄付してくれたんです。もう3000万は銀行から借り入れたんですが、新星学寮は、ただの寮ではなくて、学生たちが自主的に運営してきた伝統があるので、その伝統を残すためにも、自前で運営できるシステムにしようと、検討委員会が考えたんですね。それで、土地の一部を有料の駐車場にすることにしたんで

3-3　建て替え後の新星学寮

す。その駐車場の収入から3000万円を返済する計画です。そういうことを、ここの出身の元留学生たちが考えました。

相手の声を聴くことから始める

先ほど、留学生に学べという話をしましたが、穂積先生は、アジアの留学生と接する時には、まず日本人の価値観を捨てなさいって言うんですよ。相手が言うことで自分がとても理解できないっていうようなことがあった時でも、日本の、あるいは自分の価値観から一概に相手を否定してしまうと、留学生との心は通じません。たとえば、ばかって言われたらね、すぐに怒るんじゃなくて、なんでこの人は私にばかって言うのか考えるんです。それで相手の気持ちを理解できるようになれば、そのことも相手とちゃんと話せるしね。その後ならどんなことも喧嘩もできる。

昔、タイの国費留学生が麻薬の入ったトランクを運んで捕まりました。世間は、国費留学生がけしからんとなるわけです。そしたら穂積先生がそのタイの留学生と話して、本人は知らないで預かっただけだと言うんですね。穂積先生は、本人が知らないって言うんだから自分は信じるって言って、法務省と掛け合って釈放させたんですよ。周囲のタイ人の中にも信じないほうがいいっていう人もいたんですが、穂積先生は信じるで通したんです。

その後、タイの北の方にあるその留学生の実家に行ったら、穂積先生の写真が飾ってあった（笑）。タイってどこでも国王の写真が飾ってありますよね。その国王と並べて写真が飾ってあって、この人のおかげでうちの息子は救われたって言ったそうです。のちにタイ人の同窓会ができて、技術振興協会など経て、最後は泰日工業大学までできますが、そのきっかけには穂積先生のこのような態度があったと私は思います。

だから、いろいろわからないことはあるけど、留学生に接する時は日本人の立場とか日本の考え方とか日本人の習慣とかいうのを捨ててね、まず相手の言うことを聴くということです。

もちろん、なかなかできないですよね。最初私が穂積先生に言われた時もそうでした。でもね、留学生たちといろいろ議論したり、喧嘩したりなんかした時にそのことを念頭において接していると本当に難しいようなものも解決していきました。その人たちと仲良くなったというのを経験として私も実感しましたので、穂積先生の言われたことはこういうことだと思いました。

もちろん当時と今では、アジア諸国と日本の関係は違うと思います。戦後長く経って世代も変わっていますから。経済においても今は日本がそこまで強いわけでもなくなりましたから。でも、日本人はアジアのことをまだまだ知らないと思いますね。留学生といってもまだまだ国で借金をして日本に来るという学生もいます。その相手の国の実情などをまずは理解することが大切だと思います。

だから、これから日本語教育に関わる人にも、まずは自分の価値観を捨てて、相手の話を聴いて、相手を理解しようとする姿勢を身につけてほしいと思っています。そうすれば、自然と仲良くなって、相手のことがわかるようになると思います。それが、私が穂積先生から受け継いで、そして自分が経験として実感した異文化と接するときの一つのコツですね。

〈注〉

［1］穂積五一（ほずみごいち、1905～81年）。東京帝国大学の学生宿舎「至軒寮」（戦後、「新星学寮」に改名）を開設。アジア学生文化協会の創設者。2万人を超える留学生の受け入れ、国際交流に貢献した。

［2］穂積五一によって開設。村山富市元首相らを輩出したことで知られる。

［3］主に開発途上国の産業人材を対象とした研修および専門家派遣等の技術協力を推進する人材育成機関。

［4］永井道雄・原芳男・田中宏『アジア留学生と日本』（1973年、日本放送出版協会）、田中宏『在日外国人』（1995年、岩波書店）に当時のことが書かれている。

［5］田中宏（たなかひろし、1937年～）。一橋大学名誉

教授。アジア学生文化協会を経て、一橋大学教授を務めた。在日外国人の権利を守るために尽力。

［6］華僑の経済的優位に対抗し、マレー人の地位向上を図るためにマレーシア政府が1971年に施行したマレー人優先政策。

［7］当時、外国人が日本に留学するには、収入のある日本人身元保証人の身元保証書や保証能力を証明する書類などが必要だった。

［8］1章を参照。

［9］多くの日本語学校は、海外各国のエージェント（仲介業者）に学生募集を委託している。

［10］Official Development Assistance（政府開発援助）。政府または政府の実施機関はODAにより、平和構築や人道支援等を含む開発途上国の「開発」のため、資金（贈与・貸付等）・技術提供を行う。

［11］1990年に財団法人海外技術者研修協会編により『新日本語の基礎Ｉ』（スリー・エー・ネットワーク）が刊行、以降シリーズ多数。1998年に『新日本語の基礎』シリーズをベースとした初級テキスト『みんなの日本語Ｉ』（スリー・エー・ネットワーク）が刊行された。以降、『みんなの日本語』シリーズは多くの教育機関のテキストとして採用された。

［12］1961年、東京ＹＷＣＡ国際友交部が留学生のためのプログラムとして留学生と母親代わりとなる日本人のマッチングを開始、1967年に名称を東京ＹＷＣＡ「留学生の母親」運動とする。留学生と日本人の対等の交流を目的としながら、困難な状況に陥った留学生に寄り添った支援も続けている。

［13］福島みち子（ふくしまみちこ、1933〜2013年）。1986年に、「留学生相談室」を設立、留学生の自立を促すような相談を行う。

［14］日本国際教育協会は、2004年に日本育英会、国際学友会等と統合され、独立行政法人日本学生支援機構（ＪＡＳＳＯ）となる。現在、ＪＡＳＳＯ主催による「外国人学生のための進学説明会」として継続されている。

［15］1章を参照。

［16］日本語教育振興協会。

［17］西野文雄（にしのふみお、1936〜2005年）。元東京大学名誉教授。東京大学総長補佐、留学生センター長を歴任。専門は、構造工学。英語によるプログラムをつくるなど留学生教育の普及に務めた。

［18］法務省入国管理局就学生受入れ問題懇談会編『日本語就学生の受入れの在り方　入国・在留の問題点と課題』（1994年、入管協会）

［19］留学生の在籍管理について適正に実施している教育機関であると、法務省（各地方入国管理局）が通知した学校

を指す。

[20] 大学学部に入学を希望する者を主たる対象に，基礎学力を測定するための試験として，1970年から財団法人日本国際教育協会が実施。2002年以降、現在の日本留学試験へ移行。

[21] 「日本語教育機関による留学生の受入れに関するガイドライン」。2003年に日本語教育振興協会により制定された。

[22] 2018年インタビュー時。

4章　日本語教師を続けなければならない

江副隆秀さん　新宿日本語学校　校長

日本語教育の黎明期より活躍してきた江副さんの激動の半生についてお話を伺った。明治時代より海外に開かれていた江副家のルーツから、1975年の新宿日本語学校の立ち上げ、そしていくつもの危機を乗り越えてきた江副さんの軌跡と、その経験に裏打ちされた日本語教育観について語る。

1950年生まれ。1975年、日本語教師であった両親と共に新宿日本語学校を立ち上げる。当時、まだ日本語学校は数えるほどしかなく、草分け的な存在だった。日本語学校について積極的に発信を続け、日本語学校協会を立ち上げるなど日本語学校業界においてリーダー的な役割を果たす。独自に開発した江副式の教授法は、大きな影響力を持ち、近年はろう学校の教育にも導入されている。主著に『日本語の助詞は二列』（2007年、創拓社出版）などがある。

代々海外とつながる江副家

江副家は、100年以上、海外と交流があります。江副家のルーツは佐賀にあるんですが、ぼくの曽祖父にあたる江副廉蔵[1]は、アメリカ人宣教師のフルベッキ[2]に師事し、英語を学びました。その後、藩校や長崎海軍伝習所などで英語を教えたり、通訳をしたりしていました。それから、ニューヨークに渡って、有田焼などの美術品の販売に従事していました。

日本に引き上げると、1893年（明治26年）に銀座で江副商店を開き、アメリカ製たばこの直輸入を手掛け、巨大な富を築きました。しかし、日露戦争の戦費調達のために1904年（明治37年）煙草専売法が施行されると、家業が傾きました。大隈重信ら多数の政治家と親戚関係にあり、交流も深かった廉蔵は、自ら国のために財産を差し出す形であったと伝えられています。結局、世界恐慌で江副商店は倒産してしまいます。当時は、虎ノ門に居を構えていましたが、それも倒産で人手に渡りました。現在のホテルオークラ別館がある場所です。だから今、財産は残っていないんです（笑）。

廉蔵の息子、ぼくの祖父にあたる江副隆一は、アメリカの士官学校を出ています。フルベッキの長男であるウィリアムは、アメリカに帰国し、士官学校の校長先生になるんですが、廉蔵はその学校に息子を入れたんですね。ですから、祖父はアメリカで長く暮らしていました。

大正時代になって、あるきっかけで江副家は浄土宗からカトリックに改宗しました。隆一は、大竹多気[3]の長女・暢子と結婚するんですが、その弟がパリに留学していました。彼が病気になったとき、

日本海軍士官の父・隆愛（右上）

暢子の母が看病に向かいましたが、その途中知り合ったカトリックの司祭が暢子の弟の看病や死後の葬儀などいろいろと面倒を見てくれました。そのことにいたく感動し、一家でカトリックに改宗したそうです。

だから、ぼくの父である江副隆愛もカトリック教徒です。でも、カトリック教徒でありながら日本の海軍の士官になりました。やがて第二次世界大戦が始まり、特攻隊員として出撃する直前に終戦を迎えました。父親はアメリカの士官学校を卒業していて、息子はカトリックでありながら海軍の士官としてアメリカと戦わなければいけなかったのですから、本当にめちゃくちゃな時代です。

父親が日本語教師に

戦争が終わると、海外からたくさんの神父さ

聖ヨゼフ日本語学院で教える父・隆愛（前列・右）

んが日本に来ました。当時の日本は世界の最貧国で大変な状況ですから、そこを助けなければいけないという使命に駆られて来日していました。父はカトリックですので、神父さんたちを手伝いに行っていたんですね。それで、そのまま、日本語教師になっちゃいました（笑）。１９５１年だったと思います。それから数年後には母も日本語を教え始めました。両親共に日本語教師だったんです。六本木にあった聖ヨゼフ日本語学院という日本語学校で日本語を教えていました。

　父が海軍から日本語教師になってしばらくすると、街中で海軍時代のかつての上官に偶然出会ったんですね。その時に、「今、どうしているんですか」って聞かれて、父が「外国人に日本語を教えています」って言うと、「それは崇高なお仕事ですね」って言われて父はいたく感動したそうです。元海軍の人たちがそのような会話をするんだから、まさに激動の時代ですよね。

当時、一般の人は、日本語教師なんて職業があること自体知らなかったです。ぼくは小学生のときに、親の職業を書く機会があって、日本語教師って書いたら、「ばか、おまえ、国語の先生って書くんだ」って言われました（笑）。ぼくも子どもだったから、言い返せなかったですが、せめて、どうしてこう書いたのかくらいは聞いてほしかった。

親子で新宿日本語学校を始める

１９７０年代に入ると、日本の経済も良くなって、復興支援のために神父やシスターを日本に派遣するという時代も終わりました。これからは、逆に日本が世界に出て行く時代だということで、両親が日本語を教えていた学校も閉じることになりました。両親は、それまで日本語を教えることしかしてこなかったんで、じゃあ、もう自分で学校を開こうって。当時、両親の教え子に元カトリックのブラザーだったＰ氏という人がいたんですが、彼は新宿で英語学校を経営していました。Ｐ氏の英語学校は働いている日本人を対象にしていて、授業は夜なので、昼間は空いているんですね。だから、そこで日本語学校を始めたらどうかと提案してもらいました。父は52歳、母は46歳のときでした。そして、１９７５年に新宿日本語学校が誕生したんです。

で、そのとき、両親に、日本語学校の事務局をやる人いるのって聞いたら、いないって言うんで、じゃあ、ぼくがやるよって言って、ぼくも日本語教育の世界に入りました。

立ち上げた新宿日本語学校にて

ぼくは、大学を卒業したばかりだったんですが、ちょうど学生運動の盛んな時期で、ぼくも学生運動に参加していました。だから、絶対、企業に就職なんかできないって、企業に相手されないってわかってましたから（笑）。実は、たまたまあるところに就職したんですが、すぐにそこで大げんかして辞めてしまいました。当時は、新卒で無職みたいな感じだったの。それで、両親が学校を始めるっていうんで、じゃあ、ぼくが事務局をやるよってなりました。事務局の傍ら、日本語も教えるようになったというのが日本語教師を始めた経緯です。

ただ、ぼくは大学在学中にイギリスに行った経験があるんで、日本語教師の仕事をやっているうちに、ちょうどかつての自分の姿を思い出して、そういう人たちを助ける仕事は重要なんだって思い始めて、だんだんのめり込んでいきました。

初代ではないけど、一代目

父が校長、母が副校長、息子が事務局長という家族経営の小さな学校でスタートしました。当時、学校は新宿駅西口の近くにあったので、安易ではありますが「新宿日本語学校」と命名しました。日本語教師養成講座と日本語コースを同時に始めて、土曜日は養成講座をしていました。日本語コースを立ち上げた時、最初は学生も4人しかいなかったです。ささやかな開校式でしたが、それから徐々に学生も増加していきました。

最初の頃は、フランス人の学生が多かったです。フランス人は別に日本語の勉強に来たんじゃなくて、合気道など、日本の武道を勉強するために来ていました。そもそも、当時は、まだ日本語学校で勉強するためのビザというものがなかったんです。4-1-16-3って、「その他」みたいなビザで来るしかありませんでした。[4] でも、当時、ぼくは、そんなビザがあることもよくわかっていなかった。だから、うちに来ていた学生は、自分でなんらかの形でビザをもっている人たちでした。武道を学びに来ている人とか、親戚伝いで来日した人とか。他の日本語学校は、「その他」を意味する4-1-16-3を取ると日本語学校で受け入れることを知っていたみたいですが、当時、そもそも日本語学校なんてほとんどないし、学校同士、お互いも知らなかったんです。

入管に行ったら、入管の人がこうやってこの書類とこの書類出せば大丈夫ですよって教えてくれました。それからだんだんビザの申請方法もわかってきました。それで、うちの学校で勉強するということでビザをとった第1号は、シンガポールからの学生でした。その学生とは今でもお付き合いがあるんですよ。

新宿日本語学校が開校して、翌年の1976年に、両親はシンガポールに行くんです。というのは、ぼくは、自分の留学経験から初級は自国で学んで、中級くらいから留学したほうが効果的に学べると思っていたんですね。特に、当時のアジアからの留学生は、まだ貧しくて、でもやる気がある、という感じでしたら、できるだけ早く進学できるようにしたかった。それで、シンガポールに日本語学校をつくるのはどうだろうと思い、視察も兼ねて、両親が行ったんです。で、そこでガイドをしてくれたおじさんが、新宿日本語学校の就学生第1号になったんです（笑）。

ちなみに、帰国後、両親は再びシンガポールに渡って、国際交流基金の日本語センターなどに務めながら5年間滞在しました。だから、よく江副さんは、2代目だねって言われるんですけど、実は、そこは微妙なんです。確かに父が初代の校長で、ぼくは父の影響で日本語教師になったのですが、学校は一緒に立ち上げ、しかも父はすぐにシンガポールに行ったので、初代ではないけど、一代目っていう感じです（笑）。

日本語教師を続けなければならない――インドシナ難民との出会い

日本語教師を続けなければならない。そう強く思わされたのは、インドシナ難民との出会いです。1975年4月30日に南ベトナムが崩壊し、当時、日本にいたベトナム人留学生が無国籍状態になるなど、混乱していた時期でした[5]。

新宿日本語学校では、1976年から「アジア友好の家」の木村妙子[6]さんとのつながりで、インドシナ難民の学生を受け入れることになりました。木村さんは行き場のなくなったベトナム人の支援をしていましたが、そんな彼女から新宿日本語学校に「日本語を教えてほしい」という問い合わせがありました。最初、1人、2人だったのがだんだん増えて最終的には200人くらい受け入れたんじゃないかなと思います。最初は、無国籍状態になった在日ベトナム人でしたが、それを頼って来日したベトナム人の家族、その後は、ラオス、カンボジアからの難民を受け入れました。お金もないから時々、木村さんにお金の支援もしたりして、学校に来るまでの交通費も学校が負担しました。難民の人も通常のクラスに受け入れたんですが、授業料は半額にしました。でも、たった1人のカンボジアの元留学生のところに、一族総勢30人が集まったということもあって、そういう時は、とうとう授業料を無料にしましたね。難民の人は授業料、半額というのは現在でも変わっていません。今もウクライナからの避難民の方などは半額にしています。

このように、私たちとしては、可能な限りインドシナ難民の方たちに日本語教育の機会を提供するように努めました。実は、そこには、自分なりの問題意識もありました。先ほど言ったように、ぼくは学生運動に関わっていましたが、べ平連[7]、ベトナム反戦運動をやっていたこともありました。それが卒業すると、日々の生活のためにも、学生運動から離れてしまいました。どこか、承知の上で忘れ物をしてしまうような割り切れなさが自分の中には残っていたんです。それが、ベトナム戦争が終了して、「難民」という形で問題が噴出した。だから、何らかの形で彼らを救援することで、大学時代のやり残した宿題の整理ができると考えました。

エゾエ・ノート

難民に対する日本語教育は、私たちの日本語教育へも影響を与えました。それまでは、欧米系の学生が中心で、『Beginning Japanese』[8]などの英語で書かれた教材を中心に使っていました。それは、基礎的な知識や学力がある学習者にはある程度有効でした。

でも、難民の方の中には、母国で基礎教育を受ける機会がなかった人たちもいました。小学校までは行ったけど、そのあとは戦争が激しくなって学校に行けなかった、学校の先生がみんな戦争に行っちゃいました、という学生が多かったんです。すると、基礎教育をしっかり受けてないので、品詞などの文法的な概念もわからないわけです。だから、これが名詞で、これが動詞だよってことをノートに取りながら教えたんです。それが、現在の初級で使用している「エゾエ・ノート」の原型になりました。

このノートをつけていると「何々が名詞です」とか言わなくても、例えば「本」って出てきたら「はい、名詞」。「鉛筆」は、名詞のところ書いて」とかやってると、学生のほうが「お茶。先生、お茶は名詞ですか」みたいに自分でだんだん品詞分けができるようになる。自分から判断できるようなところにノートの良さがあったかな。

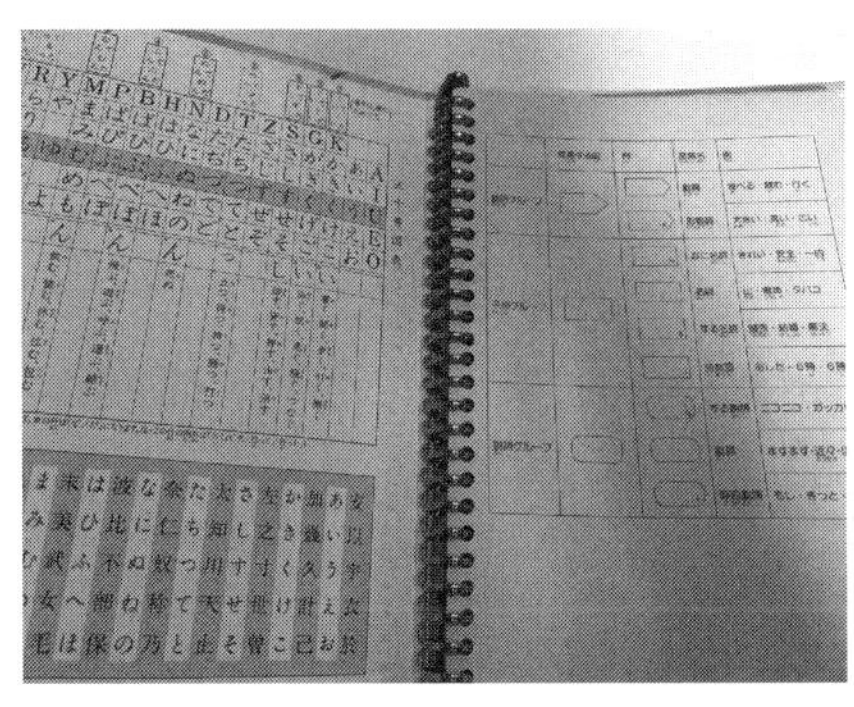

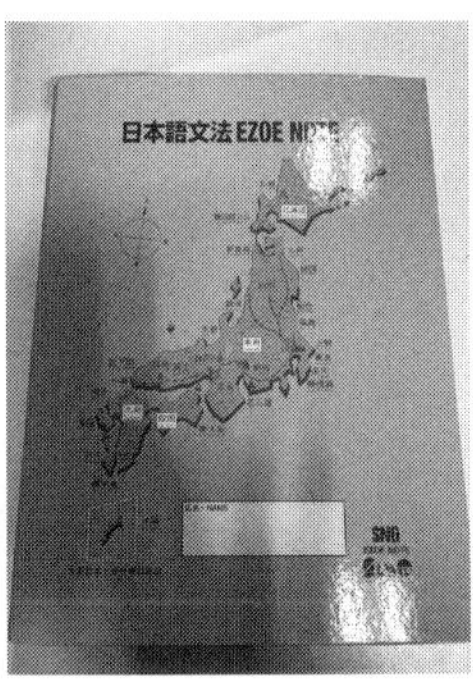

エゾエ・ノート（右：表紙、左：中身）

朝日新聞の新聞奨学生

両親がシンガポールに渡ってしばらくすると、学校の場所を貸してくれていたP氏が突然学校の所有権を主張し始めました。両親も海外にいる中、自分で解決しなければいけないと、とても追い詰められました。思わず教職員の前で涙してしまったこともあります。色々あって、1978年に高田馬場に移転して、なんとか学校を継続しました。大した財産もない状態で学校を立ち上げたので後が大変でした。その時の経験があって、自分たちのビルを持たなければいけないという意識を強くしました。それから、事務の仕事をして、クラスも担当して、教科書もつくる。それこそ死に物狂いで働きました。

徐々に経営も安定してきて、少しずつ学校を拡大しようと考えていた時、突然、朝日新聞から連絡がありました。朝日新聞奨学会が中国から新聞配達の仕事をしながら学校に通う奨学生を受け入れるので、彼らに日本語を教えてくれないかというんです。1983年のことです。確か、日中国交回復10周年記念事業の一

中国奨学生30人の卒業と帰国を祝う

朝日新聞

中国奨学生 卒業記念版

勤工倹学の両立を喜ぶ

日中の友情さらに育もう

財産は大勢の友人 両国のパイプ役期待

朝日新聞社専務取締役 古屋 哲夫

卒業おめでとうございます

中国青年 雨風に耐えた

新聞配達を続け勉強

留学生楊光さん近く帰国

朝日新聞による記念新聞

環だったと思います。当時、まだ中国のパスポートが自由化される前でしたから、この奨学生も、日本の外務省や中国の全国青年連合会などが窓口になった、いわば公的な交流の一環でした。来る学生も政府高官の子どもが多くて、とても優秀でした。

ちょっと、これを見てください。彼らが卒業するときに、朝日新聞が記念につくってくれた新聞です。

新聞奨学生は、今も続いていますが、中国の学生はほとんどいません。こんなつらい仕事できませんって(笑)。今は、ベトナムからの学生が多いですね。当時、朝日新聞がうちを選んでくれたのも、それだけ、まだ日本語学校が少なかったんです。このプロジェクトなどもあって、おかげさまで自分たちの校舎を所有できるまでになりました。

「就学生」

1970年代は、まだ日本語学校も少なかったし、学校同士の交流もなかったんです。そんなとき、凡人社[9]の田中久光社長が情報共有の場をつくろうって呼びかけて、日本語学校協会というのをつくったことがありました。確か1978年だったと思います。東京日本語学校[10]、東京日本語センター、日米会話学院、青山スクール・オブ・ジャパニーズとうちの五つの日本語学校が集まりました。田中社長は、「凡人社サロン」という日本語教師の交流の場もつくって、ぼくもそこに顔を出していました[11]。そこでの議論が元になって、留学生の保険制度なんかもできたんですよ。限られた範囲ですが、徐々に日本語学校同士のつながりができてきました。

1980年代になると日本語学校が急増して、入国管理局でもその全体像がわからない状況になりました。そこで、凡人社の田中社長と、東京日本語センターの任都栗暁先生、日米会話学院の鈴木暁先生、青山スクール・オブ・ジャパニーズの中西郁夫先生、それからぼくで、入国管理局と相談会を開くことになりました。当時、入管にいた坂中英徳[12]さんの呼びかけで開かれたんです。1986年のことです。入管の会議室みたいなところで話し合っていたんですが、テレビがついていて、伊豆大島が噴火したニュースが流れていたのをよく覚えています。この相談会の中で、坂中さんが「就学生[13]」ということばを使っていました。今思えば、それがこの後、「就学生」という制度につながっていったんだと思います。この相談会が発展して、「外国人就学生受け入れ機関協議会[14]」が発足します。

上海事件からブラジルへ

1986年に中国のパスポートが自由化されると、あちこちに日本語学校ができ始めました。新宿日本語学校も上海から学生を受け入れるようになりました。そこで、ある上海の人に学生の送り出しを委託していたんですね。彼がお金を取って、入学許可証を発行していたんだけど、1988年に日本政府は書類のチェックを厳しくするようになって日本領事館はビザを発行しなかった。それで上海事件[15]が起こるわけです。確かに監督責任は私たちにあるわけなので、まったく知らなかったでは済まされないんですが、当時、私にとっては寝耳に水でした。彼が入学許可証を発行しているのは知っていましたが、彼が勝手にお金を集めていることは知らなかったんです。完全に巻き込まれてしまった感じです。結局、その人は、外国に高飛びして連絡がつかなくなってしまいました。90年に私が直接中国に行って、政府の担当者に事情を説明して、なんとか事態は収拾しました。

上海事件を受けて、「外国人就学生受け入れ機関協議会」などの関係団体を統合する形で、日本語教育振興協会（日振協）が1989年に発足しますが、私は上海事件の当事者になったこともあって、理事などには付きませんでした。

ちょうどその頃、ブラジルの日本語教員研修に関わるようになったんです。当時、日系人が日本で研修を受けるというのが始まって、JICA[16]が、日本語の研修に関してはブラジルでやったほうがいいんじゃないかと考えたんですね。JICAの若い職員たちが日本語教師養成を行うために専門家を派遣するというので、適任者を探して回っていたんですよ。うちにも来て、訪問した学校の中で一番貧相な学校だったけど、一番教え方がおもしろかったって（笑）。それでブラジルに呼ばれたの。

１９９０年には入管法の改正で日系人が日本で働けるようになるでしょ[17]。それで日本に行く人が急増しました。当時のブラジルの新聞の中には「直接雇用、絶対にピンハネない」など、表現がストレートな広告が出ていました（笑）。

ブラジルでの経験はとても印象的でした。パラグアイとの国境なんか行くと、まわり全部がスペイン語なのに、突然ある町のはずれに「七夕祭り歓迎」とか書いてある日本語学校があるんです。見学すると、教育勅語が貼ってあって、その横にポルトガル語やスペイン語の翻訳がある。すごい世界だなあと思いました。

ブラジルの先生たちは、とても熱心に研修を受けてくれました。研修の教科書も5冊くらい執筆したと思います。ブラジルに行くと、学校経営に時間を割くこともないので、日本語教育について集中して考える時間をとれたこともよかったです。今の江副式文法のいくつかの部分は、ブラジルでの経験やブラジルで考えたことがベースになっています。

あと余談ですが、高跳びした上海の人にブラジルの街中でばったり会いました。お互いにびっくりしました（笑）。

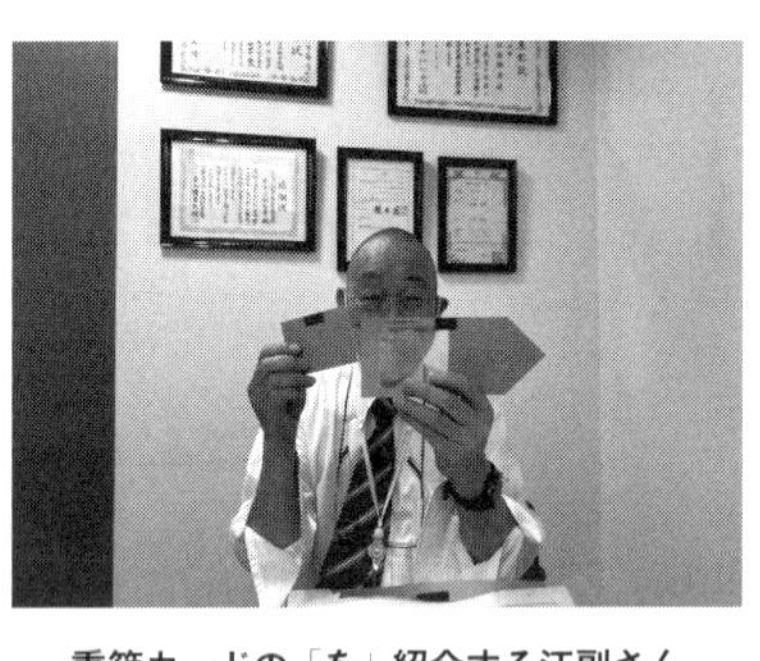

重箱カードの「を」紹介する江副さん

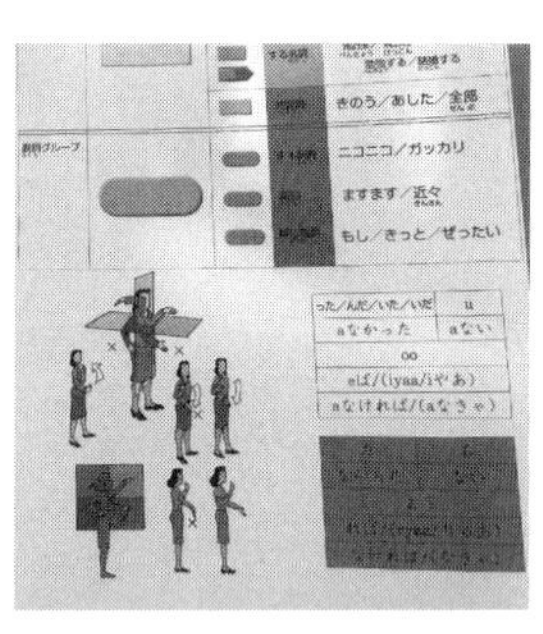

エゾエ・ノートのイラスト

やっぱり楽しく教えたい――江副式

先ほど、エゾエノートについてお話ししましたが、ぼくたちの学校の強みは、やはり独自で開発した教授法や教材だと考えています。教えるからには、やっぱり楽しく教えたいというのがぼくの中にはあります。また、できるだけ視覚に訴える形で教えることを大切にしています。実は、ぼくはもともと漫画家志望だったんです。だから、絵を描くのは昔から好きで、教材のイラストも自分で描いていました（笑）。

ぼくが開発した教授法の中心にあるのが、助詞を二列で捉えた江副式文法です。[18] そして、それを視覚的に教える教材に「重箱カード」というのがあります。品詞の可視化、助詞のイメージの可視化。つまり、「で」と「に」はどう違うんだとか言ったら、それは、「で」は範囲を決めるようなカードがあるんですけれども、「に」はポイントを指すっていうカードがあるんですね。「へ」は方向を示すカード。助詞ごとにあるイメージを可視化するんです。「を」だったらこれは通過の「を」とか離脱の「を」とか、これで対象の「を」とか、働きをこの矢印で示すことができるんですね。このようにカードで、いわゆる文法のすごく基礎的な構造の可視化ができるわけですよね。品詞分類を可視化する、助詞を可視化する、それから構造、文法構造の可視化をするっていう、見える化ができるっていうことが江副文法なんですよ。

ろう学校に取り入れられた江副式

実は、今、ろう学校の日本語教育に江副式が取り入れられています。江副式では助詞が可視化されて、ビジュアルで理解できます。そのことにろう学校が着目したんです。２００６年にぼくがある小中学校の先生たちの研修会でお話しした時に、ろう学校の先生が聞いていて、声をかけられました。それからいろいろなろう学校でお話しするようになりました。

携帯電話が普及して、ろう者たちも文字を打って伝達する機会が急速に増えたんです。しかし、手話には助詞がありませんから、日本語で文を打つときに、苦労するわけです。ろう学校には、助詞の教え方というのが確立されていませんでした。「文の中でこういう役割をしてるよ」みたいな教え方しかできないんです。でも、それでは、子どもたちはわかりません。そこをカードを使って、視覚的に教えると、助詞の使い方の理解が進むんですね。

世界的な流れの中で日本語学校のあり方を考えなければならない

これからの日本語学校がどのようになっていくか、正直、ぼくにもわからない（笑）。最近の傾向で、教師を募集すると、オンラインの先生を希望する人はたくさん集まります。もしかするとこの2、3年の間のコロナの影響で、通勤したりどっかに行ったりっていうことをしないでもできる仕事があるんじゃないかっていうことに気が付き始めたのかもしれません。うちの学校でも実際、シンガポールにいる人にオンラインで家から教えている先生もいます。コロナ前には全然想像しなかった仕事や場所の考え方が成立しました。このまったく新しい考え方のもと、これからの日本語学校も新しい職場になっていくんじゃないかと思います。

また、語学学習というのは、世界的な流れの中で展開しています。その流れの中で、日本語学校のあり方を考えていかなければいけないと思っています。たとえば、世界的に見ると、語学学習というのは、短期、たとえば夏休みだけ勉強しに留学するというのが中心です。日本のように、1年、2年という比較的長期の学習期間を中心にしている国というのは多くはありません。日本語学校もより自由な学習が選択できる場所になっていく必要があります。そのためには、留学生受け入れの制度をさらに整えていくことが日本には求められていると思います。

自分が働きたいと思う学校を見つけてほしい

今、日本語学校の数は800を超えています。いろいろな特色を持つ日本語学校があります。これから日本語学校で働く人には、まず、自分が働きたいと思う学校を見つけてほしいと思います。そのためには、実際に足を運んで学校を見ることをお勧めします。ぜひ学校を見学して、自分が働きたいと思える場所か、確かめてください。

〈注〉

[1] 江副廉蔵については末岡暁美『大隈重信と江副廉蔵——忘れられた明治たばこ輸入王』(2008年、洋学堂書店)を参照のこと。

[2] グイド・フルベッキ(1830〜98年)。オランダ生まれ、アメリカ移民。1859年に来日。英語教育にも尽力、大隈重信をはじめ多くの識者に影響を与えた。

[3] 大竹多気(おおたけたけ、1862〜1918年)。繊維工学を専門とする工学者。日本の毛織維工業の近代化に貢献した。米沢高等工業学校(山形大学工学部の前身)校長などを歴任した。

[4] 1990年の入管法改正以前にあった在留資格。特定の在留資格者。現在の特定活動ビザに相当する。当時は、日本語学校生は、この在留資格によって来日した。2024年現在、日本語学校生は、在留資格「留学」が付与される。

[5] 3章(小木曽)も併せて参照。

[6] 木村妙子(きむらたえこ、1936〜2011年)。元NPO法人「アジア友好の家」副理事長。1960年代より新宿区新大久保を中心に困窮するアジアを中心とする外国人の救済活動に取り組んだ。

[7] 「ベトナムに平和を! 市民連合」の略称。1965年小田実、開高健、鶴見俊輔らを中心につくられたベトナム反戦の市民運動体。

[8] Eleanor Harz Jorden『Beginning Japanese』(1962, Yale University Press)。5章(奥田)、8章(嶋田)も併せて参照。

[9] 株式会社凡人社。1973年に「にほんごの凡人社」として創業。日本語教材の刊行、日本語教育関連書籍の販

売などを通じて日本語教育に貢献。

［10］学校法人長沼スクール東京日本語学校。1948年に長沼直兄によって開校。通称、長沼スクール。2章（西原）も併せて参照。

［11］6章（山本）も併せて参照。

［12］坂中英徳（さかなかひでのり、1945〜2023年）。元法務官僚。東京入国管理局長などを歴任。主著に『入管戦記』（2005年、講談社）など。

［13］大学・短大以外の日本語学校や専修・各種学校等の教育機関で学ぶ外国人学生を1980年代当時、慣例として「就学生」と呼んだ。1990年の入管法改正によって在留資格「就学」ができ、「就学生」が正式な呼称として定着した。その後、2010年に改正された入管法によって在留資格は「留学」に一本化されたため、現在は「就学生」という呼称は用いられない。

［14］日本語教育機関と入国管理局が協力し、就学生受け入れ体制の構築を目的とした組織。

［15］1章を参照。

［16］国際協力機構。海外協力隊の派遣などを行う。

［17］1990年の入国管理法の改正によって、在留資格「定住者」が新設され、日系3世までの就労が可能になった。そのため、ブラジルをはじめとする中南米から来日する人が増加した。

［18］江副隆秀『日本語の助詞は二列』（2007年、創拓社出版）を参照のこと。

5章　日本語というリンガ・フランカで世界の友を持つ

奥田純子さん　コミュニカ学院　元学院長

「わたしたちの学校をつくろう」と1988年に設立されたコミュニカ学院。コミュニカとは、ラテン語でコミュニケーション、その語源は、分かち合いだと奥田さんは語る。高い理念と強い信念に支えられたコミュニカ学院とは、どのような学校なのか。

1955年生まれ。高校卒業後、単身アメリカへ留学。アメリカで日本語教育に出会う。帰国後、異文化間コミュニケーションの教育を中心にしたいとコミュニカ学院を設立。常に10年先のことばの教育を展望し、日本語教育の世界を牽引してきた。キャリア教育、ビジネス日本語教育などの領域でも貢献は大きい。主な著作に『読む力』シリーズ（くろしお出版）など。

ちゃんと自己主張する

高校を卒業してすぐにアメリカのカリフォルニアにある大学に留学しました。もう理由も忘れましたが、なんとなく行きたくなっちゃったんでしょうね。１９７０年代で、私費留学が今ほど一般的ではなかった時代です。同時期に留学していた人は、フルブライト奨学金[1]をもらっている人が多くて、もともと英語教師の人が大学院で学位を取りに来たっていうケースなんかがありました。

私は独学で英語を勉強して、そのまま学部に入っちゃったので、はじめは英語もぜんぜんわからなかったです。授業の途中で、「あ、この授業、自分がとっている授業じゃないや」って気づいたこともありました（笑）。でも、大学院に留学している人たちの方が適応に苦労しているように見えました。勉強してきたのに通じないというのがショックだったのかもしれません。私はもともとわからないのが当然と思っていたので、かえって慣れるのが早かったと思います。私もがんばって英語話しているんだから、あんたもがんばって聞きなさいよと相手に対しても思っていたので（笑）。

そんな感じで、英語はほとんど自然習得でした。と言っても、中学、高校で基礎的な部分は身につけていたので、大人になってからまったく新しい言語を始めましたというのとは次元が違うかもしれません。ただ、何も知らない子どものままアメリカに行ったことで、自分の中に言語習得観の基盤のようなものはできたと思います。とにかく、ちゃんと自己主張してくれないと何もできませんよってアメリカでは言われるんですね。まだ子どもだったというのもありますが、その部分はすごく素直にそうだと思えました。だから、ちゃんと自己主張するように心がけていました。そうすると、全然英語ができないで行ったのに、わりと早くできるようになったんです。わからないときも、わからないように話す先生が悪いと思って、こっちの意見を言っていましたから（笑）。

「ちょっと日本語、教えてくれないか」

大学では、文学部でコミュニケーションについて学んでいました。その時に頼まれて日本語を教えるようになったのが、日本語教育に関わるようになったきっかけですね。当時の日本は高度経済成長期で、アメリカでも徐々に日本語ブームになっていて、日本語を勉強したいっていう人が増えていたんですね。それから、第二言語習得系の研究者もいたので、その研究に予算もついていたんだと思います。まだ日本からの留学生も多くなかったので、日本語を教えてもらえませんか、その様子をデータとしてとらせてもらえませんか、みたいに頼まれました。

私もまだ学生だし、ぜんぜんわからなかったんですけど、じゃあ、これを教えてくださいみたいに言われて、仕方がないから自分なりの教育方法で授業を組み立ててやっていました。で、その様子を後ろで研究者たちが観察していて、データを取っていました。何の研究だか、はっきりと教えてはもらえませんでしたが、ネイティブとノンネイティブ教師の教授法の違いなどがテーマだったようです。

日本語を勉強している学生は主に自分がいた大学の学生で、ときどきＬＡの他の大学から来ている学生もいました。アメリカ的と言えばアメリカ的なんですが、学生が教師を選ぶんです。だから、学生の少ない先生もいれば、たくさん集まる先生もいました。どういうわけか、私のところには人が集まっていました。それで、やめるにやめられない感じになって続けるようになったというのが、私の日本語教育の始まりですね。

そのうちに「ちょっと日本語、教えてくれないか」みたいな話がたくさんくるようになりました。日本研究の人、企業のエグゼクティブの人たち、それから外交官の人が多かったです。次第にいろいろなところで日本語を教えるようになって、卒業後もアメリカに残って日本語を教えないかというお話もいただいたりしていたんです。ただ、家族もこのままだとずっと日本に帰ってこなくなっちゃうんじゃないかと心配したんでしょうね。戻るように言われて、卒業後しばらくは日本とアメリカを行ったり来たりしていました。

自分たちの学校をつくろう

1980年に完全に日本に戻りました。コミュニケーションの教育に関わりたいと思い、そういう仕事を探しました。でも調べたら、ほとんど学校がないんです。当時は、学友会[2]とか、あとは西原先生の京都日本語学校（2章参照）、江副先生の新宿日本語学校（4章参照）、長沼スクール[3]などがあったくらいです。大学にもまだそんなに教えられるところがなかった。アメリカでお世話になった先生たちから日本の先生を紹介してもらって、いくつか学校で働かないかというお話もあったんですが、自分はきっと日本の学校には馴染めないだろうという気がしていました。

また、私の関心というか、やりたかったのは、日本語を教えると言うより、異文化間コミュニケーションだったというのがあります。今になってみると、異文化間コミュニケーションと日本語というのは半々というか、切り離せないものとして捉えているんですが、当時は日本語よりも異文化間コミュニケーションという意識が強かったです。その頃の日本語教育は、ジョーデン先生[4]なんかの影響も強くて、言語の体系的な習得に関心が傾いていたように思います。まだコミュニカティブ・アプローチなどが普及する前ですから、言語使用における異文化間コミュニケーションの問題というのがしっかり議論されていなかった。だから、アメリカにおける日本語教育だと、オリエンタルな眼差し[5]から日本文化を説明することに留まっているし、日本に帰ってくると日本文化を同化的に押し付けるようなことが起っている。アメリカで感じた違和感と違った違和感を日本で感じました。子どもながらに、どちらも違うだろうと感じていました。異文化間のコミュニケーションっていうのは、もっと違う形があるだろうって思いました。

それで、結局、自分でやることを選びました。しばらくは、人に頼まれて英語学校に併設された日本語学校に教えに行ったり、アメリカ領事館の人たちにプライベート・レッスンをしたりしていました。そうこうしているうちに、だんだん学校の運営のノウハウもわかってきて、じゃあ、自分たちの学校をつくろうということになりました。それで、88年に正式に法人化したのが、今のコミュニカ学院です。仲間の先生たちがたくさんいて、一緒にどういう学校にしたいか話し合いながら、夢中でやっているうちに、学校ができちゃったという感じです。

コミュニカ学院という名前は、コミュニケーションの語源であるラテン語の「コミュニカ」に由来しています。日本語のような個別の言語を教育するのではなく、人が生きるために必要なコミュニケーションを教育する学校をつくりたいというのが私にはあります。だから、実は、私には日本語教師というアイデンティティがあまりないんです。コミュニカ学院も日本語学校だと言われるとちょっと違和感があります。もちろん日本語という言語を学習してもらうことも大きな目標ですが、それはあくまで媒体の一つであって、文化移動を伴いながらコミュニケーションを重ねることで人が成長する、そうした成長を支えたいというのがありました。それは今でもあります。

コミュニカ学院は何のためにあるのか

コミュニカ学院はそういう学校なので、学校をつくる準備をしている時から、一緒に学校を立ち上げた仲間の先生たちと、すごい時間をかけて学院の理念とコンセプト、どういう教育を行っていくかなどを検証しました。私たちがつくったのは日本語学校ではなくて、コミュニカ学院だったんです。だから、コミュニカ学院で教えてもらう先生たちにも時間をかけて研修を行っています。

日本語をどうやって教えるかということよりもコミュニカ学院は何のためにあるのかという理念の共有を重視しています。たとえば、コミュニケーションとは何かを自分たちで定義してもらいます。その上で、人とことばの関係とは何か、異文化間コミュニケーションとはどういう現象か、文化を移

設立当時の教員研修

動するとはどういうことか、考えてもらいます。こういう文献があるから、これも読んできてという感じで1年くらいかけて研修を行なっていくんです。

学校を立ち上げる前の1年間くらいは、コミュニカ学院で働いてくれる先生たちへの研修に費やしました。その時の先生たちは、あのときの研修は何だか大学の授業を受けているようだったと今でも言っています。その当時の人たちは、すごく勉強してくれました。異文化間コミュニケーションの文献なんかは、まだ日本語のものが少なかったので英語の文献を読んだりもしました。

研修っていうのは、教え込むんじゃなくて、自分の頭で考えてもらうことだと思うんです。「コミュニケーションって何だと思う?」って問いがあったとして、その問いが教師の中で深まっていくような質問を繰り返す研修を行います。そして、実は教育も同じことで、教師の仕事は基本的にいい質問をすることだと思っています。

このような研修を受けた人は、長くコミュニカ学院で働いてくれる場合が多いです。またこの研修の風土は今も残っていて、新しい教師を採用する場合は、同じような研修を行っています。

支援の輪をつくる——阪神淡路大震災

1995年の阪神淡路大震災の時、コミュニカ学院は激震区のど真ん中にありました[6]。神戸市役所の隣ですから。近くにフラワーロードって大きな道路があるんですが、これは生田川という川を埋立てた場所です。だから下が砂地なわけです。激震区で下が砂地だったので、周囲の大きなビルは全壊でした。学生はその周りに住んでいて、海側に住んでいた学生を中心に大きな被害がでました。

当初、コミュニカ学院の学生だけではなくて外国人そのものに対する支援がほとんどなかったんです。文部省はすぐに動いて、神戸大学を中心にして、留学生に10万円の給付金を出したんですね。でも、就学生には1円も出なかったんです。だから、日振協の当時の事務局長にもプッシュして、神戸のYMCAとYWCAと私とで、とにかく支援の輪をつくろうとしました。友人の大学の研究者たちも「どうしたらいい?」って連絡をくれたので「この口座にお金送って」って。それから、いろいろなところから義援金をもらいました。私が個人的にもらったお金も全部、日振協に寄付しました。それでも、お金はまだ足りなかったんですが、足りない分も後から集まってくるからって言って、就学生に5万円を給付できるようにしたんです。

また、被災した外国人学生の中には帰国を選択した学生も多かったですが、今と違って当時は、出国する前に入管で再入国許可をもらっておかないと日本に戻って来られなかったんです。でも、そんなことができる状況じゃないでしょう。でも国に帰してあげないといけないから、私が手書きで、こういう状況だから空港で再入国許可を発行してくださいって書いて、印鑑をポンと押して渡しました。コミュニカ学院の学生だけじゃなくて、どこの学校の学生でもいいから帰りたい人は言ってっていう感じで書きました。それで、なんとかみんな出国できたんです。

それから、知人の先生たちが野菜などをトラックで送ってくれました。それを近くに住んでいた学生たちがボランティアで物資のない人に配布しました。あとから、とても助かったと近所の日本人の人たちから言われました。

「分かち合う」ということ

ある韓国の学生が卒業の時に「先生、お世話になりました」と言ってきて、「寂しくなるね」って話をしたんです。彼は日本が大好きで日本企業に就職するためにビジネス日本語を勉強しに来たんだけど、日本で中国人やアメリカ人の友だちができるなんて想像もしなかったし、そんなこと有り得ないと思っていたと言うんです。だけど、コミュニカ学院に来たから中国人とアメリカ人の親友ができたって。それが日本で最初にすばらしいことだったたと彼は言いました。

コミュニカ学院はまさにそういう学校なんです。私たちはそういう学校にしたいと思ってみんなで話し合いながら学校をつくってきました。彼の経験は、文化移動して違う場所の空気を吸うことで初めてできるものです。学校には、いつも15言語ほどを母語にするさまざまな学生がいます。そのダイバーシティの中で日本語というリンガ・フランカ[7]とともに学生たちは生きていきます。

だから、日本語教育が扱う日本語も母語話者の日本語というよりも、むしろリンガ・フランカとしての日本語だというふうに考えています。例えば、ビジネス日本語で考えると、多くの日本語教師は、学生たちは日本企業に入ると、周りはみんな日本人だと発想します。でも現実はそうじゃなくて、これからは、中国、韓国、台湾、ベトナム、フランス、ドイツ、日本といろいろな背景を持つ人たちが一緒に働いていく環境があるんです。そして、そこで、日本語がリンガ・フランカとして使われます。そういうリンガ・フランカとしての日本語の教育をこれからは考えていかなければいけないと思います。

コミュニカとは、ラテン語のコミュニケーションだと言いましたが、その語源は、「分かち合う」ということです。分かち合い、すなわち共有するということがコミュニケーションの根底にあります。日本語というリンガ・フランカで世界の友を持つということは、自分の意味の世界を広げるということです。それが分かち合いであり、分かち合うことによって自分自身が変化して変わっていくことを自覚することが、神戸に来て、コミュニカ学院で日本語を学ぶことの大きな価値だと思っています。学生が学んだ「おはよう」ということばは、その学生にとって、その人にしかない世界を持っています。それは、「Hello」でも「你好（ニイハオ）」でもないことば、その人がコミュニカ学院で、あるい

1年の漢字

は神戸で生きた中で見つけてきたことばです。そして、それは、人と接し、世界や価値観を分かち合うことで初めてできた意味の世界です。

　コミュニカ学院では、毎年、1年の初めに、「私の1年の漢字」っていうのを書きます。自分の1年間を振り返ったり、今後の1年をどう過ごしたいかを考えたりして書きます。そうすると同じ漢字でも全然違う意味を込めて書くんです。それは、私にとっての、私にしかない意味の世界です。例えば「友」だったら「友」っていうことばの中に日本語としての意味、辞書的な意味が含まれますが、同時に、私にとっての「友」は、私にしかない「友」という日本語であり、漢字です。あのときにあの人とこんなことをしてこんなことをやった「友」なんだという世界がそこには広がっているんです。

まずやってみよう──学生が自分の学習を管理する

コミュニカ学院の教育と学習の方針は二つあります。「汝自らまさに知るべし」と「汝自身を知れ」。この二つの方針は教室に貼ってあります。「汝自らまさに知るべし」っていうのは難しいので、「まず、やってみよう」って平仮名にして書いてあります。「汝自身を知れ」っていうのは、アポロンのデルタ神殿に書かれていることですが、自分は人間だという意味ではなくて、絶え間なく変わっていく私を知っていこうというように捉え、「私を知ろう」って書いてあります。

まず馬には乗ってみよ、人には添うてみよ、それから考えたっていいんじゃない？　ということです。学生に「「まずやってみよう」ということだったよね。あなた、それに合意してここにいるんでしょう」って言うと「あ、そうでした。まずやってみよう」となります。だから、コミュニカ学院で覚えたことは、まずやってみようっていうことだという学生が一番多いんですよ。

だから、学生を管理するという発想もコミュニカ学院にはありません。自分たちで学んでいく、それを尊重するので管理は必要ないんです。学生一人ひとりが自分なりの言語学習を見つけていきます。たとえば、よく日本語学校で、進級試験に3回落第したら退学みたいな制度があると思います。コミュニカ学院も昔はそういう制度があったんですが、今は全部撤廃しました。東アジアの学生なんかは、自分が上のレベルのクラスに行けないと不満を言う学生が多かったんですが、このごろそんなことはなくなりました。「先生、一応進級試験に合格したけど、もう1回あのレベルに落ちてやりた

教室でインタビューにこたえる奥田さん

い。自分はこれをやっていたほうがいいと思うから」というようなことを言うんです。自分で自分の学びたいクラスを決めていきます。技能別など6種類の科目があったとしたら、この科目は下のレベル、この科目は、もう一度同じレベル、そしてこの科目は二つ上のレベルのクラスでやる、というふうに選択制になっています。日本語学校の先生は、学生が二つレベルアップしたいというと、まだここができていないからと言って反対することがよくありますが、私は、やらせたらいいじゃないと思います。コミュニカ学院の先生たちにも、「できないと思ったら本人が「やっぱりやめます」って言うから、やらせればいいじゃない」と言います。できないままやっていてもできるようになるかもしれないし、みんなが「あんたは迷惑」って言うんだったら、それはクラスとしてみんなで解決すればいいから、上がりたいんだった

インタビューを終えて（左から三代、奥田さん、佐藤）

ら上げたらいいじゃない。答えは自分で見つけてくる、っていうふうに考えています。

自分の学習をきちんと自分でマネジメントして計画を立てられるということをコミュニカ学院では大切にしています。そのためには失敗してみないとわからないこともあります。失敗を許す、失敗から学ぶということが「まずはやってみよう」という教育理念です。

〈注〉

［1］米国と諸外国との相互理解を目的とする人物交流事業であるフルブライト・プログラムによって研究者に支給される奨学金。日本では1952年に開始。

［2］国際学友会。1935年に外務省の外郭団体として設立、戦前より日本語教室を開設。2004年に独立行政法人日本学生支援機構東京日本語教育センターとなる。

［3］学校法人長沼スクール東京日本語学校。戦前より日本語教育に大きく貢献した長沼直兄によって1948年に創設。2章（西原）も併せて参照。

［4］エレノア・ハーツ・ジョーデン（Eleanor Harz Jorden、1920〜2009年）。『Beginning Japanese』（1962, Yale University Press）の著者。1949年から1955年まで日本に滞在し、駐日アメリカ合衆国大使館のための日本語教育課程を主導した。オーディオリンガルメソッドによる構造シラバスの教育を展開した。4章（江副）、8章（嶋田）も併せて参照。

［5］オリエンタリズムとは、西洋による東洋に対する思考様式のこと（エドワード・サイード『オリエンタリズム』今沢紀子訳、1993年、平凡社）。虚構である「西洋」「東洋」を本質化し、西洋中心の視点から東洋を表象することを、サイードは人種主義的、差別主義的であると批判した。

［6］震災の際の話については、加賀美常美代、瀬口郁子、箕口雅博、奥田純子『阪神・淡路大震災における被災外国人学生の支援活動と心のケア』（2000年、ナカニシヤ出版）を参照のこと。

［7］異なる言語を話す人々が共通に使用する言語のこと。

6章

型にはまらない、自由な日本語教育をめざして

山本弘子さん　カイ日本語スクール　代表

新大久保にてカイ日本語スクールを立ち上げる山本さん。制度、技術などあらゆる面で最先端をいき、日本語教育を牽引してきた山本さんの破天荒でありながらまっすぐと筋の通った日本語教育の原点に迫る。

1958年生まれ。大手ゼネコン勤務を経て、1983年に千駄ヶ谷日本語学校の養成課程を修了、日本語教師の道へ。1987年、勤めていた日本語学校から独立し、カイ日本語スクールを立ち上げる。日本語学校でいち早くiPadを導入するなどICTを利用した授業を展開する。また地域と連携したプロジェクトワークに取り組むなど先進的な実践を続けている。主著に『キャラクターと学ぶリアル日本語会話――ようこそ前田ハウスへ』（山本弘子・松尾恵美・増田アヤ子著、2021年、アルク）。

想いがかたちになる仕事へ

大学で比較文化のゼミにいて、その時の卒論が「地域民性と方言イメージ」というテーマだったんです。たまたま東京外国語大学の井上史雄[1]先生がそういうテーマでずっと研究をされていたんです。それで、井上先生をゼミの教授が紹介してくれました。卒業の時、井上先生が大学院に誘ってくださったんですよ。ただ、私自身は早く社会に出たいと思っていたので、それはお断りしました。後から思えば、もったいないことをしたものですが。

卒業後はゼネコンで働いていました。私が配属されたのが建築設計部だったんですね。私以外、全員が設計士さんで、図面を広げて一心不乱に一日中描いてるわけですよね。いろんな打ち合わせとかしながら。その設計図が本当に立ち上がってビルになっていくっていうことを実感したときに、これはすごいやりがいがある仕事だと思っていました。こんな線が立ち上がって、本当にビルになるんだって。それで、想いがかたちになるってすごいなと思って、自分もそういう手応えのある仕事をしたいって強く思ったんですよね。で、文系の自分ができることは何だろうっていろいろ考えながら新聞を見ていたら、朝日カルチャーセンター[2]で日本語教師の講座があって、そこに井上先生が講師で出ていらしたんです。それで「おっ」となりました。日本語教育って私が大学時代にやっていた研究と関係あるの？　と思って。日本語教育自体を知らなかったですけれども、それですごく引っかかったんです。だけど、朝カルの養成講座は、プログラムが2年もあって、しかも英語の試験があって、2年もこれから勉強したくないし、試験が大嫌いなので嫌だなと思いました（笑）。もうちょっと見たら千駄ヶ谷日本語教育研究所[3]の養成講座で半年のプログラムがあって、これだったらちょっとだけ出る退職金でも使えるかなと思ってやってみたというのが、日本語教師になったきっかけです。

その頃の日本は、まだ外国人も少なかったんですけれども、日本語の教室は外国人の方がマジョリティで、その立場の転換みたいなおもしろさがあるなと思いました。日本語を教える仕事なんて想像もつかないというか、周りの人に何回言ったって理解してもらえなかったですよね。「何を教えるの？　英語？」みたいな。そんな時代ですね（笑）。

1983年に千駄ヶ谷日本語教育研究所（以下、千駄ヶ谷）で養成課程に入りました。ちょうど「留学生受入れ10万人計画[4]」が出た年だったので、後で何人かの人に「先見の明がありましたね」とか言われましたけど、そんなこと知っていたわけじゃないです。当時は、まだ日本語学校もそんなになくて、朝日新聞にいつも広告が出ていたのがね、千駄ヶ谷と朝日カルチャーと五つくらいでした。千駄ヶ谷はSDM方式（Scientific Direct Method: 科学的直接法）という教授法で教えていて、それがちょっとかっこいい感じで（笑）。

千駄ヶ谷の養成課程では、当時の副所長だった先生の日本語の授業をビデオに撮って見せてくださったんですが、40年前ですからビデオっていう機械を使いながらやるっていうこと自体も先進的でした。日本語の授業もとてもインタラクティブな授業で、見ていておもしろかったんです。当時もいろんな教授法があったんでしょうけど、その中で楽しそうだったっていうので千駄ヶ谷に決めました。

養成講座はおもしろかったですね。今井幹夫さんという先生が所長で千駄ヶ谷をつくった方なんですけれども、障がい者の言語教育にもとても関心を持っていて、そういう機関誌に記事をいつも書いていました。癖がある人だったんですけれども、今思えば、学者肌だったからなんでしょうね。SDM方式は、ダイレクト・メソッド[5]の中でも非常にきれいな組み立てだったといまだに思います。

週30コマの快感

養成課程終了後、そのまま、千駄ヶ谷の講師に応募して、専任講師として採用してもらいました。千駄ヶ谷が出来て6年目とかそれくらいだったんですね、私が入ったのは。講師になった時に7周年記念の小さいパーティーをやったのを覚えているので。私が養成課程を出て採用された初めての修了生だと、あとで聞きました。「所長のお気に入りが入ってくる、いじめてやろうぜって、みんなで待ってたんだよ」って（笑）。

千駄ヶ谷の『わかる日本語』という教科書は1巻から5巻まであったんですけど、最初に教師として入るとほとんど1巻ばかりが振り当てられるんです。当時の千駄ヶ谷はスケジュールの立て方が変わっていて、所長が1週間分のスケジュールを決めるんです。いろんなクラスがあって、例えば週2回のクラス、週3回のクラス、毎日のクラスというのがあって、でも使う教科書は同じだったので、毎日1巻を教えるとか、そういうことができるんですよ。同じレベルをいろんなクラスで何度も教えるから、3カ月もやると教科書を1冊覚えちゃうくらい練度が増すんです。それはすごく良かったで

千駄ヶ谷時代の山本さん

すね。1巻が終わったら、2巻、それから3巻をやるんだって、ステップアップを感じることができました。

あと、学校の外で授業することもありました。大使館の職員や企業の社員を対象とした授業とか。あの頃ＩＢＭがちょうど日本に農協のシステムを入れに来たんです。ＩＢＭのビッグブルーのロゴが六本木のビルに並んだ、森ビルを席巻した頃なんですよね。次々とＩＢＭクラスが増えて。ＩＢＭとかメリルリンチとかバンクオブアメリカとか外資系の企業に日本語を教えにいきましたね。日本がバブルに向かう時で外資系がどんどん入ってきて、その人たちは学校ではなく、私たちが企業に出向いてオフィスレッスンをしていました。もうオフィスレッスンのかけ持ち。朝8時からここでやったら次は9時からここで、あと証券会社に行って……みたいな。それはそれでおもしろかったです。朝、藤沢のＩＢＭまで行きましたね。一番多い時で週30コマくらいしてました。それくらいになると快感になってきますね。30だって（笑）。

日本語教育創成期——四谷の凡人社サロン

千駄ヶ谷は2年ちょっといて辞めました。あの頃、千駄ヶ谷は1年勤めるのが最長くらいでした。辞めた後、少し休もうと思って3カ月くらい遊んでたんです。その頃、凡人社[6]に「凡人社サロン」というのがあって、そこに顔を出していました。当時の凡人社は小さい本屋さんで、四谷の細いビルに入っていたんですが、そこで、田中久光社長がコーヒーを出していて、それが無料だったんです。当時の日本語教育業界って本当に小さくて、趣味人やアウトローみたいな人たちの集まりで（笑）。田中社長には、そういう人たちのためのサロンにしたいという考えがあったんじゃないかと思います。実際、いろんな人が集まってきていたし。日本語教育創成期みたいなところがあって、その人たちを面倒見てやろうと、たぶん思われたんじゃないかと。

それで、1985年前後に凡人社サロンという名前で場所ができて、そこに江副隆秀先生（4章）や中西郁夫[7]先生たちが出入りしていたんです。で、まだ覚えていますけど、その頃、本当に私などまだぺーぺーのぺーぺーで、それでも情報が欲しくて行ったんですね、千駄ヶ谷を辞めたあとに。でも、田中社長って、全然ぺーぺーだからばかにするとかいうことなく、分け隔てなく扱ってくださって、そこは本当に感謝しています。ある時、訪ねたら、そこに江副先生と中西先生がいらして、江副先生が「見て見て、この本。これぼくが書いた」とか言って、私なんかに持ってきてくれて（笑）。そんなような時代だったんです。いまだに江副先生はそんな感じですが（笑）。その頃、凡人社には、一介の新人日本語教師でも、そうやって面倒を見てくださるみたいな空気があったんですね。まあ、日本語教育の創成期ですね。本当に情報がなかったです。凡人社に行くしかなかった感じです。『日本語ジャーナル』[8]とか、『月刊日本語』[9]なんか出てからようやく業界を見渡せるようになったけれども、インターネットももちろんない時代だし。田中社長や、もう亡くなられた当時の専務にお世話になって。懐かしいですね。

カイ日本語スクールの立ち上げ

千駄ヶ谷を辞めて、そのサロンに顔を出していたんですが、ある日、凡人社の当時の専務から「そろそろ仕事しなよ」と電話がかかってきたんです。「近くに日本語学校ができたから、手伝いに行ってやんなよ」と言われて。もう、今はない学校で高田馬場にあったんですけど、じゃあ週2回か3回だったらいいかなと言って、働くことにしたんです。

某大学の教授が自分のマンションをお持ちで、そこを学校にしていました。いわゆるマンションの一室の日本語学校というやつですよね。そういうのをつくって。最初は多国籍の学生が集まっていて、二つ三つの教室でいろんな好きなことをやらせてもらったんですけど、1986年頃にちょうど韓国や台湾の旅券の自由化が起きて、いつの間にかワーッと台湾人ばかりになったかなと思ったら、今度は韓国人がパーッと増えてきて。韓国人の学生が増えると急にピリッとした感じになってきて本当に受験一色みたいになってきちゃって、自分のやりたいこととちょっと違うなと思っていました。ちょうどその時、新しい分校をつくるからそっちに行かないかと経営者に言われたんです。その時の経営者はすごくおもしろい人で自由な人だった。それで、新しい分校をつくる場所を見に行ったんですけど、それが、この場所だったんです。

その頃、ここ（カイ日本語スクール）はもともとエアロビクススタジオだったんです。それで、つくりがおもしろかったんです。こういうスペースだったらちょっとおもしろいことできそうだから、ここだったらいいかもと言って。「じゃあ、私ここでやってあげてもいいけど」と言わんばかりの偉そうな感じで（笑）、「その代わり自分の好きなプログラムでやらせてくれないか」と言いました。そしてその上に「独立採算はやめてくれ」という条件と「時給で働かせてくれ」という、今思えば信じられないような手前勝手な条件を提示したんですが（笑）、その経営者は全部飲んでくれて、やらせていただいたんです。

分校では、受験対策を中心とした日本語学校のプログラムには馴染めない、はみ出したような人たちを吸収できるようなプログラムをつくりたいと考えていました。2クラスしかなかったけれども、教科書をずっとやるんじゃなくて、学生が自分で選択できるメニューというのを考えました。それから、本校に「こういう学生たちをお願いします」と頼むんじゃなくて、私が本校を回って学生たちに直接、説明させてもらったんです。初級だと違いが出てこないので中級以上の人たちを対象にして、こういうプログラムでやるから興味ある人来てくださいと言って全部のクラスを回って学生を集めた

分校の立ち上げ準備をする山本さん（手前）と清さん（奥）

んです。いわば、本校に営業に行って、そこで希望者を呼んだんです。みんな受験体制だったし、そんなにワッと集まらなかったですけれども、それでも十分、1クラス、2クラスくらいは入りきるくらいの数でした。15人、16人くらいだったと思います。

その時に一緒に引っ張ってきたのが清ルミさん[10]。彼女はその頃ニューヨークから帰ってきたばかりでした。ともかく私一人ではできないから、誰かスタッフをください、それも私に選ばせてって学校に言ったんです。クラスを見学した時に群を抜いて優れた授業をしていたのが清さんでした。それで学校の理事長に頼んで、声かけさせてもらいました。彼女と話して、やろうやろう、ぜひぜひっていう感じで来てもらうことになりました。もうそれから毎日夜遅くまで二人でいろいろな話をしたり、学校のビジョンを一緒に考えたりして、本当に楽しかったです。

当時、とにかく日本語学校全体が進学を目的とするという方向に流れていったときだったのですが、それ以外のいろんなニーズの人、多様な人たちっていうのにどうやったら対応できるんだろうねみたいなこと話し合いました。また、そのころは4技能のバランスの悪さみたいなところ、話せるけど書けないとか、読めるけど、話せないとかいうことに悩む人たちがいたので、どうしたらその悩みが解決できるかみたいなことを話しました。その結果、当時2教室しかない条件で、週15時間、2クラスで30時間の中に、会話、聴解、漢字、読解、発音、文化などの技能別授業を配置して、確か、読解と発音、聴解と漢字を裏表にして、限られた時間の中で、多様な学生に合わせることにしました。

それで、清さんはニューヨークで演劇をやっていたので発音を。あと、着物なんかにも造詣が深かったので文化を受け持って、私はその裏で読解や聴解を担当しました。聴解はちょうどアルクの『日本語ジャーナル』が出たところだったので、これは使えるよねと、当時は著作権のことなど考えもせず、それを切り貼りしてテープを使って毎晩11時くらいまで教材作成をしていました。3カ月かそこらで、ばあっと準備をして、分校開校。2人でやりましたよ。

ところが、分校に移って半年くらいやったところで、本校の方が問題を起こしたんです。というのは、ほかの学校から引き抜きか何かして恨まれたのと、アルバイト斡旋をやったんですね。それで、アルバイトの斡旋をリークされて週刊誌に書かれました。その結果、本校がビザの発給停止処分を食らっちゃったんです。それでもう分校を閉めるので、本校に戻ってこいと言われたんですよ。その時、私は自分の好きなプログラムで好きなスタッフを集めてやっていました。それまで日本語教育はおもしろいけれども、教える環境が、なんかちょっと、いろいろね、嫌だなと思っていたところ、その分校では非常にのびのびできていました。この環境はすごく大事な要素なので、このまま保ちたいと思いました。日本語教育の理想だけではなくて、自分の職場環境としてこれを維持したい。ということで独立を決めて、その時一緒にやっていた仲間に声をかけました。その時、清さんは体調を崩し療養していたので、彼女はもう入っていなかったんですけど。そういうことで、本校から独立することにしました。

学校の名前決めは難しくてね(笑)。当時、国際とか東京とか入っている学校名が多くて、それはやめようってなりました。そうじゃなくて、もうちょっと愛称的に呼べるようなものがいいなって思いました。アルファベットで3文字ぐらいで表せるものはないかって探して、「カイ」という音がなんとなく浮かんできて。明るい感じだし、カイって呼びやすい感じだったので(笑)。漢字を当てれば、「開」とか、会話の「会」とか、世界の「界」とか付けられるということで、カイ日本語スクールになりました。

カイとして独立した時にいたのは4人のスタッフ、教師です。それから、学生たちが30~40人いたんですけど、最終的に残ったのは16人だったかな。やはり新規校にとどまるって、認可が下りるかどうかもわからないし、勇気が要ると思うんです。でも16人残ってくれて。そこでスタートですね。問題を起こした学校からの独立だったのでむしろ新規のほうが楽だったと思います。独立するときに、前の学校と関係ないという書類をいっぱい出さなければなりませんでした。

うちに来た学生たちは受験目的じゃない人たちがほとんどでした。立ち上げた1987年というのは、ちょうど私費留学生が急激に増えてきた頃。国際文化フォーラム[11]や『ひらがなタイムズ』[12]などは、ほぼ同期です。中国から私費留学生が来日する直前ですね。中国はまだその時来ていなかったです。1988年くらいじゃないですか、中国からの留学生が爆増したのは。うちが1987年2月に開校して、その時はまだいなかったんです。それからしばらくして人民服の人が一人ぽんと申請してきたのを覚えているので。そしたら見る見る問い合わせが増えて、新大久保にも、いっぱい中国人ばかりを受け入れる学校ができました。でも、うちは多国籍というのをずっと標榜していたというか、それを掲げたかったんで、中国に限らず、一つの国から多数来た場合は断ったんです。国籍のバランスのコントロールを長きにわたってしていました。学生数もそんなに多くないのに、ろくにご飯も食べられないのに、お断りしたりなんかして、多国籍を保ってきたんです。

この辺はこういう場所なので柄の悪い人が、東南アジア人のパスポートを持ってきて、「入れろ」みたいに来たことがありましたよ。「嫌だ」と言ったら「どうなってもいいのか」みたいにすごまれちゃって。やれるもんならやってみろ、みたいな感じでお帰りいただいたりしたことがありました（笑）。

すごいですよ、ここ、流れ弾が飛んだんですよ。私がビザ申請業務をしている時に。こっちのビルからあっちのビルに。台湾のヤクザのナンバー2か何かがいて、こっちから流れ弾が飛んだりとか。何かね、いろいろ恐ろしい事件がありましたよ。ちょっとおどろおどろしくてすみません（笑）。

でも、多国籍を維持することにはこだわっていました。それがなんというか、うちの存在意義だと

カイ日本語スクールの立ち上げ期（フィリピンの学生と）

思っていたので、絶対それは譲りたくないと。授業は直接法ですから、学生も同国人同士で日本語を話すのは嫌なはずだと私は思いました。やはりいろんな国の人たちと共通語が日本語というのがいいと思っていますと思ったんです。理想主義的ですけど、そういうのをやっていこうと思ったんですね。たぶん、そういう意味では当時世間知らずで、あまりいろんなことを考えずにやりたいことをやってきたということだったかもしれないです。

混沌のおもしろさ

学校を立ち上げた最初の頃は、ビザの要件が1週間15時間（授業を受けること）だったんです。今は週20時間ですけど。あの頃、1987年7月くらいまでは15時間だったんです。月から金まで、1日3時間授業を受ければいい計算です。そこで、うちは、午前3時間、午後3時間クラスをつくって、ぶっ通しでやったんです。私たちが考えたプログラムは6時間のうち、学生たちはいつ出てもいいようにつくろうって(笑)。あとからしたらとんでもないような感じのものを設計しました。当時は、この建物の下にサンドイッチ屋さんがあったの。だから昼休みにバッと行ってきて、サンドイッチを食べながらやりましたね。そんな感じで毎日、6時間は教えていました。

まだ日本語教育のいろいろなことが整理される前だったと思います。もうやみくもに訳もわからずとりあえず突き進むみたいな、訳のわからないおもしろさがありました。それは整っていないからこそのおもしろさ、混沌のね。何もないからこそ、本当にみんな何でもやりました、必要なことは。本棚から何から買えないからつくるしかないし(笑)。でも、それが楽しかったんです。

学生たちも今よりもっと変わった人が多かった。フランス人で雪駄履いて合気道を勉強してそのついでに日本語やるみたいな学生もいました。当時は、学生ビザだけでなく、カルチャービザ[13]の学生が結構いたんです。日本語もカルチャーも、あまり明確な位置付けじゃなくて、似たようなものだということだったかもしれません。今、完全に分かれているし、カルチャービザの学生は、少なくともうちの学校では見なくなりましたけど。あの頃は、生け花やりに来ているとか、合気道やりに来ているという学生が結構いました。

オールナイトパーティー

最初のころは、4教室ぐらいしかなくて、ちょっと桜が咲いてくると、じゃあ、来週お花見行こうかみたいに、わりと自由にやってましたね。バーベキューしたり、旅行に行ったりとか。学生を連れて旅行に行ったときに、「今日は一番楽しかったよ、先生」なんて、台湾の学生が言ってくれました。当時、アジアからの留学生たちが日本ですごく大変な思いをしているなっていうのをとても感じたんですよね。日本に来ていろいろ自分を発散できなくて、つらい思いをしている。なので、そういうのを解放してあげる時間をつくらないといけないなっていうのを感じて、オールナイトのパーティーをやっていたんです。

もう朝まで。夏でしたけどね。冬は寒いから嫌だったんです（笑）。夏はもう朝までオールナイトのパーティーやって、何時に来てもいいし、アルバイト終わってから来てもいいし、朝までだらっと映画を見てたりとか、いろいろ。みんなが、自分が外国人だってことを意識させられずに自由に過ごせるっていうのを年に1回やったりしてました。

みんな踊ったり、例えばミャンマーや韓国の踊りをみんなで見たりとか、そういう出し物みたいなことをやってもらったりもしました。あと、学生たちもみんな持ち寄りで、おいしいものを持ってきたりとか。私たちももちろん準備しましたけれども。

パーティーのプログラムも一応、多少つくりましたね。でも、あまりかっちりしたものをつくり込まずに、何となく楽しめることを大事にしていました。夜遅くなってきたら、ここは映画を見る部屋とかここはゲームをやる部屋とか決めて、綿菓子とか、そういうセットだけ、ちょっとお祭りっぽくして、私たちは浴衣を着たりなんかして雰囲気を楽しむっていう感じでした。

オールナイトパーティー

パーティーと言えば、2021年に新潟の三条市立大学という大学の初代学長になったというバングラデシュ出身のすごいOBがいるのですが、学生時代は朝まで参加して、翌朝、一緒に綿菓子機を返しに行ったりしてくれたのは、今もいい思い出話になっています。

カイのアイデンティティ

今は、学生の8割ぐらいが大卒者なんです。そもそも進学志向があまりないんです。うちは受験科目はやらないよって言ってるので、エージェントもそういう人はあまり連れてこないですね。中には受験する人はもちろんいますし、対応はしてますけども、受験英語とか、受験数学みたいなことはやりません。ギャップイヤー[14]を利用してくる人もいますし、40〜50代ぐらいの人もいるんですよね。ずっと日本に行きたかった、日本留学したかったけど、日本語なんてつぶしが利かないからやめろって親に言われてたとか、そういう人が、やっと自分のお金で自分の人生自由にできるようになったから、夢をかなえるために来るとか。そういう、本当に日本を楽しみたい、日本を体験したい、日本語をちょっとやってみたいっていう思いの人が結構来てます。進学志向じゃない学校がいいなと思ってつくっちゃったので、多様な人たちが集まっています。

だから、カイのアイデンティティとして、日本に来ることや日本語を学ぶことを楽しんでもらいたいっていうのがすごく強くあります。日本に来てよかったとか、日本語を学べてよかった、日本ってこういう国なんだって何となくちょっとわかったとか、そういったことが伝えられたらいいのかなっていう気持ちですかね。

何か、型にはめたくない。みんな自由なんです、すごく。みんな、本当にいろんな人たちがいて。語学留学ってとてもぜいたくなことだと思います。その大切な、本当に特別な時間。自分にとっての特別な時間だと思うんですけど、それに価値を与えるのが私たちの仕事かなと思っています。この人を何とかしてあげようみたいな、そういうことではなくて。それは僭越かなと思っています。彼らは答えを自分で持っているから、その場を提供するのが仕事。困っていたらサポートします。うちの学生は基本的にみんな大人なんです。だから、学校のやり方とか、いろんなことに毎回いろんなことを言ってくれるし、この教え方はどうかと思うとか、そんなことまで言ってくれるんです。私たちも鍛えられる。毎学期のアンケートに授業についての要望がたくさん集まります。それが私たちにとってはすごくいいことだと思うし、それにできる限り応えていこうと思います。

日本語学校は、いわゆる学校というのとはやっぱりちょっと違うかなって思いますね。ただ、ここに来ることで、どんな年代の人でも自分のスクールライフを楽しむというか、日本語学習だけでなく、日本に留学している時間っていうのを、とてもプレシャスなものとして彼らは楽しんでいる。学生の気分にもなるので、それが何歳であっても。60歳であろうと、それを楽しんでいるっていうのを見るのはとても楽しいことですよね。

学習者が中心であることを忘れず

語学留学って本当はすごく楽しくて、すばらしい経験だと思うんですよね。それをもっともっと自由に楽しめるような形が整えられたらいいなと思っています。学生が学びたいように学べるということ。

カリキュラムで、こう決められているからこうしなければいけませんっていうのは、違うじゃないですか。学生として、自分はこういうふうに自分の能力を伸ばしたいというのを尊重したい。一回出ていってまた戻ってくるっていうのもありだし、ちょこっとだけ勉強するというのもありです。いろんな人たちのニーズがあって、そこに対応できる。そんな自由な現場がもうちょっと豊かに提供できたらいいなと思います。

そのために、例えばＩＣＴツールの活用には早めに注目して取り入れてきました。ＩＣＴは多様なところに対応できるツールだと思うので、せっかくそういうものができてきたら、それを活用しながらやっていけたらいいと思います。働くほうにとっても、ＩＣＴの導入ってすごく便利です。日本語教師は、女性とか子育て中の人が多いじゃないですか。先生もオンラインで授業をやる。今そういうふうにちょっとなっているでしょう、コロナで。夫がコロナになったから今日はオンラインですみませんとか、すごくいいじゃないですか。前だったらいちいち休講にしなきゃいけなかったりとか、誰かが代講しなきゃいけなかったりっていうのが今はそういうことができる。それを、コロナが落ち着いてきたときにレガシーとしてちゃんと残していきたいです。

いろいろなことが整備されるほどに、本質が見えにくくなります。守るべきルールが本質だと思ってしまう。今後、多くの「基準」「規則」が「整う」でしょうが、それは必ずしも状況に対する正解ではないかもしれません。学習者が中心であることを忘れず、必要な改善、工夫を続けることが、〈現場〉教師のミッションだろうと思います。

お茶は、作法・手順がたくさんありますが、本質はもてなしであり、お茶を飲む人が心地よく過ごせるということです。型の合理性や美学はありますが、型に振り回されることは本質ではありません。それと同様に、さまざまな規制や基準ばかりに振り回されることなく、学習者中心で考えることが今後も必要です。いろいろな学習者がどうしたらよりよく学べるか。どんなニーズを持っているか。そこへの興味が持てること、それを考えたり工夫することを喜びとすることが、そもそも教師の〈資質〉なのだろうと思います。必要であれば、学習者の代弁者となる勇気も必要です。現場教師の立場、主任の立場、校長の立場、それぞれの立場で必要な発信がなければ、現場はよくなりません。社会とつながる・つなげるという視点が、外国人と接する場合には必要な段階に日本はあるので。残念ながら。

まっすぐやったらいい

やりたいことをまっすぐやったらいいと思います。外国人の受け入れって、日本では前例がないことの連続で、正解があるわけでもない。日本語教育も、まだまだ新しい領域だと言えるので、いろんなことを考え過ぎてできなくなってしまうのはもったいない。

日本語学校という存在は、外国人受け入れの窓口として、いろいろな変化の波を受けやすいポジションにあるので、そういう変化を楽しむぐらいの人が向いていると思います。私の座右の銘は「なんとかなる」なんですが、日本語学校って楽観的でないとやっていけない。関西・東北の大地震、今回のコロナ禍だけでなく、アジア経済危機やＳＡＲＳ、急激な円高・円安、入管のビザ審査厳格化など、経営面では外部要因だらけで、うちも絶体絶命の危機が何度もありました。でも、私自身は不思議と「もうだめだ」と絶望することはなかった。鈍感だったとも言えますけど（笑）。

これからいろいろな法整備がかかってくると、はじめは振り回されてしまうと思いますし、それは仕方のないことですが、そんな中でも大切なことが何か、何でこの仕事を始めたのかを見失わなければ、そして少しの勇気があれば、新しいことに挑戦する余地はまだまだたくさんあると思います。

〈注〉

[1] 井上史雄（いのうえふみお、1942年〜）。社会言語学者。著書に、『日本語ウォッチング』（1998年、岩波書店）、『敬語はこわくない――最新用例と基礎知識』（1999年、講談社）、『社会方言学論考――新方言の基盤』（2008年、明治書院）など多数。

[2] 教養、語学、趣味、実益、健康などにかかわる講座を運営。国際基督教大学等で教鞭を取った小出詞子が計画立案に携わり1974年に日本語教師養成講座を開講した。

[3] 現在の学校法人吉岡教育学園千駄ヶ谷日本語学校。1975年設立。

[4] 1章を参照。

[5] 直接法。学習者の母語や媒介語を使わず、原則として目標言語だけで指導する教授法。2章（西原）も併せて参照。

[6] 株式会社凡人社。1973年に「にほんごの凡人社」として創業。日本語教材の刊行、日本語教育関連書籍の販売などを通じて日本語教育に貢献。「凡人社サロン」については4章（江副）も併せて参照。

[7] 中西郁夫（なかにしいくお、1946〜2007年）。1976年、青山スクールオブジャパニーズを設立。日本語学校業界のリーダー的な存在として活躍。今回のインタビューでも多くの先生方から名前が聞かれた。

[8] 1986年にアルクより刊行された日本語教育のための雑誌。2005年に休刊。2017年よりウェブサイトとして再開。https://nj.alc-nihongo.jp/

[9] 1988年にアルクより刊行された日本語教育のための雑誌。2012年に刊行終了。

[10] 清ルミ（せいるみ）、常葉大学外国語学部グローバルコミュニケーション学科・名誉教授。NHK教育テレビ「新にほんごでくらそう」で講師を勤める。

[11] 1987年に、株式会社講談社を中心に設立した民間の

事業型財団。外国語教育や多様な文化についての理解促進、教育および文化の交流を推進する事業を実施する。

〔12〕1986年刊行の日英バイリンガルの雑誌。日本に関する記事を掲載し、日本語学習者の教材としても使用できる。

〔13〕在留資格「文化活動」のこと。日本特有の文化・技芸について、専門的な研究を行う、もしくは専門家の指導を受けて、これを修得するための在留資格。1970年代から1980年代前半くらいまでは、生け花や合気道などを学びながら日本語学校で学ぶ人が多かった。

〔14〕ギャップイヤー（gap year）は、学生が大学入学前、在学中などの時期に、留学、インターンシップ、ボランティア等の社会体験活動を行うため、大学が猶予期間を与える制度のこと。

7章

挑み続ける心を忘れない

加藤早苗さん　インターカルト日本語学校　校長

インターカルト日本語学校と共に、走り続けてきた加藤さん。そこには逆境を転機に変え、新たな試みに挑戦し続ける加藤さんのたくましさ、しなやかさがある。ストーリーからは常に挑戦を止めない加藤さんの根底にある、日本語教育に対する熱い思いが伝わってくる。

1959年生れ。大学職員勤務を経て、1987年インターカルト日本語教師養成科に入学。1988年、同校の教師として採用され、留学生の日本語教育、インドネシア校勤務、ビジネス研修、日本語教師養成、地域の日本語教育など活動の幅を広げてきた。2000年より現職。2008年より10年間、文化審議会国語分科会日本語教育小委員会委員。現在も、日本語教育振興協会理事、日本語学校協同組合理事、日本語教育学会代議員等を務め、日本語教育における質的向上のための取組みを続けている。著書に『WEEKLY J book1 ―― 日本語で話す6週間』（監修、2012年、凡人社）等。

この人に日本語を教えた人がいるんだ

私、もともと物書きになりたいと思っていました。けれど、それで食べられるわけではないので、書くための時間がある仕事は何だろうと考えて、大学卒業後になったのが大学職員でした。足かけ5年しました。最初は教務課だったんですが、すぐに情報処理センターの準備事務局に異動になりました。情報処理の研修はものすごくおもしろかったのですが、自分の仕事が組織の中に収まっていくにしたがって、私はコンピューターには興味がないということに気がついて、このままでいいのかなと思うようになりました。そんなとき、センターのコンピュータールームに来た大学生の中に中国の留学生がいたんです。ログインの仕方を教えるようなことも私の仕事だったんですが、隣に座って「こうやって」って私が言ったら、その人が普通に日本語を話している……そのとき、あ、この人に日本語を教えた人がいるんだ、私のしたい仕事は、これだって思ったんです。それを、国際センターという部署で働いている先輩に話したら、早速大学で日本語を教えている先生につないでくれて。で、その先生と話しながら、私、日本語の先生になるぞってもう決めていました。私の場合、外国人と国際交流がしたいとか、そういう気持ちからではなく、日本語ということばに関する仕事がしたいというところから始まったんです。

「サナエの国はね、アルファベットじゃないんだから」

それで、1985年に大学職員を辞めました。でも、すぐに養成講座に入らず、語学学校で学ぶ学生になろうと思いました。まず、外国語を学ぶ立場をやってみなきゃと思ったんですね。その頃、実はもう結婚していたのですが、夫と二人で4カ月間、イギリスに語学留学しました。インタビュー試験を受けたら、中級クラスになりました。私のレベルでは高すぎますよ。だけどせっかく入れたんだし、やってみようと思いました。文法自体は難しくなかったと思いますが、言ってることわからないし、やってることもわからない。授業ではアクティビティがたくさんありました。授業の仕方やゲーム、生教材の使い方を先生としてではなく、学生として色々感じられたことはよかったと思います。その時の経験を今も養成講座で学生によく話すのですが、ゲームをするときには意図がわからないといけない。つまり、学生全員がそのルールと目的をわかっていなかったら、それをする意味がまったくないということを、実体験したからです。

元々日本人はとても少ない学校だったんですが、ある日、2人ずつペアを組んで新聞を読むという授業で、スイス人の若い女の子と組みました。クラスの中で漢字圏、私だけだったんですね。で、私、遅いわけですよ、読むのが。彼女の母語はドイツ語でアルファベット圏だから読むのが速いんです。そうしたら彼女、すごく大きい声で、「何でそんなに遅いの?」と英語で言ったんです。その時、すぐ先生がね、「サナエの国はね、アルファベットじゃないんだから」みたいなことを言ってくれたんですよ。その時はとても恥ずかしかったんですが、同時に「この先生、私のことわかってくれて、ちゃんと大事にしてくれている」って、とても嬉しかったことを今でも覚えています。今、インターカルト

イギリスの語学学校時代（前列左端が加藤さん）

日本語学校には、非漢字圏の学生もたくさんいますが、漢字圏か非漢字圏かって、アルファベットか否かと同じ体験ですよね。あの時先生がああいうふうにみんなに言ってくれた経験は、その後、日本語教師になった私に、とても大きな影響を与えたなと思っています。

インターカルトの日本語教師養成講座に

１９８６年にイギリスから帰国し、翌年10月からインターカルトの日本語教師養成講座に入学しました。インターカルトの日本語教師養成講座の基盤をつくったのは水谷修[1]先生です。創業者の山口庸生氏が日本語教師養成講座をつくろうとしたとき、「日本語教育界で一番有名な人は誰か」とどなたかに聞いたらしいのですが、お名前があがったのが水谷先生だったそうで、すぐにお願いして引き受けていただいたと聞いています。また、当時教務の中心だった3人の先生が大阪ＹＷＣＡの日本語教師養成講座の出身だったことから、ＹＷＣＡで教鞭を取られていた著名な先生方が特別講座の先生としてきてくださっていました。大阪ＹＷＣＡ出身の3人の先生のうちの一人が、私が大学に勤めていたときに日本語教師という仕事を教えてくれた山田あき子先生だったんです。ですからインターカルトで勉強したいという気持ちは元々あったんです。

でも、本当にインターカルトで勉強しようと決めたのは、学校説明会で授業を見学したときでした。初級の授業で、若い女性の先生だったのですが、学生がすごく生き生きと楽しそうに授業を受けていたんですね。それを見て、半年後に私、こうなれるんだと思ったんです。それでもうここしかないと決めていました。まだ養成講座も少なかった時代でしたよね。

養成講座には入学試験がありました。試験内容は一般教養、漢字、作文でした。「シャボン玉とんだ。屋根までとんだ」の「まで」の二つの意味を書きなさいという問題が出て、おもしろいなと思った記憶があります。１００人受けて50人ぐらいしか合格できませんでした。今では考えられませんが、日本語教師が世の中に認識され始めたときで志望者もたくさんいましたから。

6カ月間の養成講座では、目標を達成するためのここでの勉強だからと友だちもつくらないと決め、今までこんなに勉強したことがないというぐらい勉強しました。私は暇があると国語辞典を眺めているような子どもで、国語が好きで得意でもあったのですが、まったく違う視点ですよね、日本語教育って。授業は目から鱗の連続でした。ですからこれを仕事にできると思うと、本当に嬉しかったし楽しかった。日本語教師を絶対一生の仕事にするぞと思いました。

養成講座の修了試験は、音声と文法と語彙と文字表記の4科目でした。厳しくて落ちる人もたくさんいました。私、試験が終わったとたん熱が出てしまったんですが、学校から電話がかかってきて、成績が1番だったので、修了式で挨拶してくださいと言われたんです。それまで1番なんてとったことなかったので、ほんとうに嬉しかったです。

日本語教師を職業に

養成講座のときからインターカルトに就職したいと思っていたので、修了後すぐ採用試験を受けました。最初は非常勤でした。でも今の新人と比べると担当クラスは多かったです。最初から初級・中級・上級と全部持たせてもらいました。中級クラスがメインで、上級クラスは漢字、初級クラスはひらがなを教えました。人によっては「できません」って言うかもしれませんが、私は得したと思っていました。最初に初級から上級までのレベルを体感できたのはとてもいい経験でした。

1988年4月から非常勤を始め、5月に授業がちょっと増えましたが、短期間で日本語教師の経験を積みたいととても強く思っていました。普通5年かかるところを、1年でやってしまいたいと。それで私、3校掛け持ちしたんですよ。当時は「留学生受入れ10万人計画」[2]で中国人留学生が大量に入ってきた時代でした。養成同期生の紹介で入った渋谷の学校と、もう一つは高田馬場にあった学校。当時、西早稲田にあったインターカルトが月曜日午前午後、水曜日午前午後、金曜日午前かな。

火曜日と木曜日は午前中渋谷の学校に行って、お昼をぱっと食べて、山手線で移動して、高田馬場で教える、というのをしました。1年だけでしたが、今から考えると本当にいい経験でした。特に高田馬場の学校は、学生が全員中国人だったんですが、今とはまったく違う時代で、当時の中国からの学生たちは「何しに来たの？」と言うと、「働きに来た」って普通に言う人たちでした。この人たちを私の授業中だけは絶対寝かせないぞ、楽しませるぞ、役に立つ授業をするぞと思って、それを目標にしました。一人ひとりは本当にいい人たちなんだけど働きに来てるんだよね、これってやっぱりあっちゃいけないんじゃないかという葛藤もありました。でもとてもいい思い出の時間です。一方、渋谷の学校は欧米人ばかりで、英語も使って授業をする学校でした。3校それぞれ教科書もやり方もまったく違う授業を同時にしたんです。

そういう働き方をした理由は、もちろん早く経験を積みたいということでしたが、稼ぐ、つまり日本語教師を職業にするということが私の中でとても大きかったと思います。仕事をしたらそれに見合ったお金を得るべきだって思っていました。当時の私たちの上の代の先生方は、元駐在員の奥さんで海外での経験があったり、ともかく愛の精神でしている方が多かったように思うんです。私が専任になり、「働いただけの報酬は」と言ったとき、「加藤さんは学生に愛はないの？」と言われたことがありました。お金の話をするのは、はしたないというような、そういう時代だったんですね。

でも、当時は自由でもありましたね。学生たちと一緒に遊びに行ったりすることもよくありました。何かでクラスがシュンとすると、ちょっと景気づけにボーリングに行ったり、バーベキューをしたり、家に学生たちを呼んだりすることもありました。進学課程のコースで教えていたときのことでしたが、ある学生に、外で相談があります、みんな外にいるのでお願いしますと言われて行ってみたら、学生たちカラオケにいたんです。私も一緒にカラオケで歌いました。今の若い先生たちは真面目だからか、学校にいろいろなルールがしっかりできているからか、なかなかそういうことはできない風潮になっているけれど、当時はそんなこともありだと思っていたし、ほかの先生たちも同じようにしていました。もちろん毎日カラオケ行っていたわけではないですよ。でも、こんな日もあってもいいと思っていましたね。授業の進度についても、例えば中級で、学生が何かにすごく引っかかったら、もう1日かけてだってわかるまでやりました。今日これしかできなかったんですというのが普通の引き継ぎの会話として教務室でもできたんですね。そういうのが当たり前だったんです。

世界や社会と隣り合わせにある仕事

授業中に韓国の学生から、天皇制について聞かれたのも貴重な思い出です。昭和天皇が崩御されたとき、テレビ番組やコマーシャルなど、メディア全体が自粛するということがありましたよね。その時、学生から天皇について先生はどう思いますかって強い口調で聞かれました。正直なところ、病気でかわいそうだなとか、これで時代が変わるのかなというだけで、それ以上どうも思っていなかったんです。ですから、そのとき私はろくな回答していなかったはずです。というよりも、私はそれほど考えていないと言ったと思います。でも、それではだめですよね。私たちの学生となる国の人たちはですから日本語教師は自分の考えを持っていなければいけないんだと、そのときとても思いました。これをきっかけに、日本がアジアの諸国にしてきたことを勉強するようになりました。今更ですけどね。日本が韓国や中国、その他アジアの国々にしてきたこと、その評価は別として事実は事実です。学生たちの問いにしっかり応えられなければいけない。重い仕事だと思いました。

天安門事件[3]のときのこともよく覚えています。当時、インターカルトは早稲田に二つ、高円寺に二つ校舎がありました。1年だけ中国のある特定の地域からの学生をたくさん入れた年があって、その時の人たちが中級になった年に、クラスを担当していました。その中でお昼のNHKニュースをライブで見るという授業がありました。いくつか見ながら、ことばの意味を補ったり、文化だったらその解説をしたり。その時に天安門事件が起きたんです。その授業は当時の高円寺校で、廊下側一面に窓がある教室だったんですが、もう窓全開で、学校中の中国人学生が全部私のクラスに集まってきました。選択授業で多くても20人のはずが、一つの椅子に何人も一緒に座り、入れない人は廊下の窓からテレビを見ているんです。当時、中国から情報なんてもちろん入らない。で、そのニュースの間中、みんな机をたたきながら、中国語で大声で叫んでいるのを見て、これは「静かにしてください」とかそういうのではないな、と思ったんです。私もテレビの脇のところに立って一緒に見ました。今この場に自分がいるというのはすごいことなんだと、黙って今は見る時間だと思ったのを覚えています。

そして、日本語教師という仕事はことばを教えるだけではない、世界や社会と隣り合わせにある仕事

新人教師時代（前列右から３人目が加藤さん）

なんだと、その後何度も思うことになる経験だったように思います。

私を専任にしてください

非常勤教師の頃は夜、子どもの英語教室でも教えていたのですが、さすがに体を壊して、結局、渋谷と高田馬場の学校は辞めて、インターカルトを続けました。１年たったところで、当時の教務主事の先生に「私を専任にしてください」とお願いしたんです。それで１９８９年の７月からインターカルトの専任教師になりました。

当時、インターカルトには、主事とコーディネーターという立場がありました。専任教師になった私は高円寺校に配属されたんですが、高円寺校には校長先生は、通常早稲田校にいたので、高円寺校にはほとんどいなくて、主事の先生も週数回しか来ませんでした。なので、コーディネーターの先生が実質的な高円寺校のリーダーだったんですが、その先生がとてもエネルギッシュな女性の先生で、土曜も毎週勉強会をし、若い人の登用にも積極的な方でした。私にも「加藤先生って漢字の授業、工夫してるらしいですよね。来週、お願いします」と言って、非常勤教師として入ったその年に勉強会の講師をさせていただく、というか、させられたこともありました。ところが私が専任になって2週間目にその先生が病気になって静養することになってしまったんです。高円寺には二つの校舎があったんですが、専任は私だけになってしまいました。私より先輩の専任教師の先生が早稲田校に何人もいたのですが、なぜだか補充の先生が送られてこなかったので、結果的に、専任教師になって2週間目で二つの校舎を担当することになってしまいました。でも、今から考えるとその時クラスのことをいろいろ考えたり、授業の方法を提案したりできた経験は大きかったです。その時実感したのは、教師に非常勤も専任もないということでした。自分は20代で若かったし、インターカルトで10年以上のキャリアがある非常勤教師の先輩たちが、本当に支えてくださいました。最初は役職もないままコーディネーターの仕事をしていましたが、その半年後にコーディネーターの役職をもらいました。恵まれていたなと思うのは、インターカルトは年功序列とか全然ないんですね。いけると思ったら、ばんと引き上げてくれるんです。

母体会社の倒産――更生会社株式会社クロスカルチャー事業団として

ところが私が専任になってから5カ月目、1989年の12月、母体会社のクロスカルチャー事業団が倒産してしまったんです。衝撃でした。当時クロスカルチャー事業団は、日本語学校の他、出版事業、旅行業、留学生向け不動産業、映像メディア会社、ファッション専門学校など、クロスカルチャーという理念で様々な事業を展開していましたが、大変な負債を抱えてしまったんですね。本来であれば母体が倒産したら終わりですよね。でもインターカルトには当時学生が１０００人、今よりもっといました。これをつぶしたら国際問題になってしまうかもしれないという国の判断で、更生会社株式会社クロスカルチャー事業団として再建に向けて動き出すことになりました。そのときの学生たちはというと、騒ぐこともなかったんです。ニュースにもなったので学生たちは知っていたんですよ。だけど何でしょうね。教師２年生の私は、ちゃんとした仕事をしていれば大丈夫なんだと、そのときに強く思いました。

その後、新生インターカルトとしての学校はどうあるべきかという議論があって、やはり国元から預かっているんだから、国元の親たちにも学校や学生たちのことを知らせなければいけないんだということになりました。親御さんがお金出してくれているのだから、ちゃんと親御さんに会いに行ったほうがいいということだと思います。それで１９９０年に初めての父母会を韓国と台湾ですることになりました。各校舎の校長先生と、若手が出張することになって、校長先生にあなた行きなさいと言われ、私と同僚が加わりました。私は韓国の担当でした。学校の説明を、私、韓国語でやったんですよ。養成講座のとき、週一で外国語を勉強するというのがあって、そこで少しだけ勉強していたんですが。韓国の学生に、私が日本語で書いたものを訳してテープに吹き込んでもらって、毎日聞いて覚えました。それで説明会をしたのですが、会場で皆さんに拍手していただきました。「よくがんばりました」でしょうね（笑）。

じゃあ私が行きます――ジャカルタ行き

ジャカルタ校に1年間赴任したのも、更生会社株式会社クロスカルチャー事業団の頃です。そのときの管財人が海外展開を考えて、１９９１年に、海外にインターカルトの現地校をつくることになりました。最初は、マレーシアのクアラルンプールでした。その後、ジャカルタと香港にも学校をつくるという話になりました。

私、日本語教師の仕事をする以上、1回は海外で教えたいと思っていました。結局、香港にはできず、クアラルンプールの次にインドネシアのジャカルタにつくることになったんですが、誰も行きたいっていう人がいませんでした。私のインドネシアのイメージはジャングルで、誰がジャングルなんか行きますかって思っていました。で、教師が全員集められて上の人から「誰か行ってくれないか」と言われたときも、誰も何も言わないでしんとしていたんですね。そのとき、ある男性教師が、今クアラルンプールにいる○○さんが行けばいい、と言ったんです。日本に帰りたがっていることを知っていたのに。私、そういうの許せないんですよ。帰りたいのわかっているのに、ましてここにいない人に、クアラルンプールから近いから行けなんて。それで頭に来て「じゃあ私が行きます」って言っちゃったんです。そしたら他の専任の人たちが、「えーっ、加藤さんに行かれたら困るじゃない」って言ってくれたんですけど、それ聞いたら、なんで私がいないとできないわけって思い、「私、行きます」ってジャカルタ行きが決まりました（笑）。

結局、ジャカルタに駐在しつつクアラルンプール兼務という立場になりました。最初私は教師として行ったつもりでした。でも行ってみたら本当に学校の立ち上げからで、合弁相手の側のインドネシア人の人が校長先生、私は実質的な学校のマネージメントをする仕事でした。

そのとき日本から来たのは私ともう1人、うちの養成講座出身の女性だけでした。大学のインドネシア語科を出て、そのまま養成講座に入って、修了したばかりで、まったくの未経験の人だったので大変でした。

私がジャカルタにいたのは1年間だけなんです。でも、本当に濃い1年でした。あのジャカルタ時代があったから今があると思っています。教師ではなくマネージャーの仕事が主だったので、いろいろな交渉も自分でしなければいけなかったんですね。ですから私、インドネシア語を覚えるのがすごく早かったです。インドネシア語科の彼女から1年の間に抜かされたって言われるぐらい。仕事だから使わないわけにはいかないですよね。鉛筆とか消しゴムのようなことばは学校のインドネシア人の事務の女性に習い、家ではお手伝いさんにナイフとかフォークとかそういうことばを習い、あと初級の授業で学生に教えながらインドネシア語も覚えるみたいな感じでやっていました。だから夫や母が遊びに来た時は、けっこうインドネシア語で案内できました。

当時、日本人の教師が教えている学校というのがジャカルタにはなかったので、あっという間に

インドネシア時代・JALでのカンパニーレッスン（右から２人目）

３００人４００人と学生が集まりました。でも、インドネシアの人からの授業料では限界ありますよね。ですから現地の日本企業に営業をかけました。日本企業のトップは日本人なんですよ。製造業や航空会社、あと建設会社などをまわって、社員に日本語教育、日本人にはインドネシア語の先生を送りますよという営業をしました。この時に営業は教師がするのがいいなと思いましたね。自らが商品なので、話を聞いて、それだったらこんな感じでできますとか、そのレベルだったらこうですよってその場で提案できるので。そんな感じでしゃべってまわっていたら、まあどんどん仕事が取れて、その時に、私の天職は教師じゃない、営業だと思ったくらいです（笑）。この、インドネシアにいる間に、日本の常識が世界の常識ではないと思い知らされるような異文化体験もたくさんしました。

一夜にしてすべての研修がなくなりました――１９９７年のアジアの通貨危機

後任が決まって1年で帰国することになったんですが、日本に帰ったら営業じゃなくて教師をやるぞと思っていました。中級教科書をつくりたいと思っていたんです。インターカルトは、初級については考え方があって、独自の教科書を使っていましたが、中級は当時小学校の国語の教科書でした。ですからインドネシアの最後の1カ月は、時間もあったのでどんな教科書をつくるかを考えていました。ところが帰国後に配属されたのは日本語学校じゃなくて「インターカルト日本語センター」という信濃町にできた新規事業部でした。そこで管理職として対企業とか、欧米人の交換留学等、不本意ながら、日本語学校とはちょっと別のことをすることになったんです。

学校側の意向と、するとなったら邁進する性格とで、もっと営業に力を入れなければという方針を立てて、日本で外国人を入れている会社にDMを出したり企業向けのグループレッスンをつくったりしました。韓国の大宇（デウ）財閥の大宇重工業の授業受注をきっかけに、韓国から社員を受け入れる形での企業研修も始まりました。サムスンの管理職向けの2週間日本研修プログラムを寝ずにつくったりもしました。日本列島オリエンテーリングという、タスクを地方別につくって、東京出発の大阪集合。私たちも大阪に移動して、大阪のホテルで全国各地でのタスクを終えた研修生を迎えて、結果発表を聞き、大阪で終了、解散。そういうのを4年間やりました。大宇、サムスンのほか、LG、起亜自動車、浦項製鉄とか。その最中にももっと韓国を広げようとも思って、一人で韓国に行って営業

韓国の企業レッスンの風景

をしました。本当に仕事がたくさん取れて、韓国企業だらけになって。サムスンからまず先生を派遣してほしいとも言われて、ソウルと釜山の研修院に合計30人ぐらい教師を送ったと思います。

それが1997年のアジアの通貨危機[4]で一夜にしてすべての研修がなくなりました。そのとき、日本語の需要は外的要因によってドラスティックに変わるものなのだと身をもって知ったんです。

株式会社インターカルト日本語学校

倒産して6年か7年、その間、更生会社でした。普通は更生会社って1、2年ぐらいやって、再生するか、駄目だったら、それで清算されるそうです。それが何か、弁護士の先生が頑張って、もうちょっと、もうちょっとと、引っ張ってくださって。でも、クロスカルチャー事業団をしていても、要は誰も買い手がつかなかったんですね。それで、もう手を引いたほうがいいのではと裁判所が管財人である弁護士に通達したということのようなんですが、そのときに、グループの中で唯一黒字だったインターカルト日本語学校だけ残そうということになりました。今の株式会社インターカルト日本語学校という新会社の設立です。私も株式会社クロスカルチャー事業団を一度退社して、新しく株式会社インターカルト日本語学校に入り直しました。

そのとき株を買わないかという話が社員たちにありました。私は、今思えば自分がずれているのかなと思うのですが、当然みんな出資すると思ったんです。クロスカルチャー事業団に関わった弁護士や公認会計士もみんなお金出してくれているんです。校長先生も。私は同世代の人たちも当然出すと思っていたので、私も、戻ってこなくてもいいお金はいくらかなと計算して出資したんです。まだ30代前半だったのですが、取締役になってしまったのはそういうわけじゃないかなと思います。

そして１９９７年、アジア経済危機が起こりました。それまで韓国の企業研修のスケジュールがみっちり詰まっていたのに、朝ニュースで知ったその日にすべてが一瞬にしてなくなりました。名残も何もない、衝撃的でした。その後、ＳＡＲＳがあったりリーマンショックがあったり地震があったりで、そのたびに日本語教育ってこういうものだって思ったものです。でも本当にあの時が初めてでした。部署を解散せざるを得なくなり、それで私、日本語学校に舞い戻ってきました。で、その時教務部長になって、養成講座も中心的な立場でするようになりました。

それから間もないときに日本語教育振興協会主催の第一回箱根会議[5]（日本語教育セミナー）がありまし

た。振り返ってみると私の局面局面で背中を押してくれた、当時の校長先生の中村壽子先生から「あなた行きなさい」と言われて参加しました。それまで日本語学校の関係者が一堂に会するってことはなかったんだそうです。私はもちろん初めての機会だったんですが、お互い名前ぐらいは知っているけど、どういう学校でどういうふうにやっているのかまではわかっていませんでした。まずはお互いの情報交換をすることからということで、予定されていた分科会をなしにして、そのときの参加者30人全員で二日間ずっと話したという会議になりました。日本語学校は、この箱根会議をきっかけに学校同士がつながったと思います。すごく大きかったですね。私自身は、インターカルトだけ見るのではなく、全体の中で横つながりの学校を見ながら一緒に情報交換をしたというのは、その後に向けてのとても貴重な経験になったと思っています。

突然、代表取締役に

その後前任の校長先生が引退されることになって、２０００年4月、校長になりました。当時は筒井由美子さんが信濃町校に、私が高円寺校にいたんですね。それで各校一人ずつ校長を置けばいいということになりました。

でも、新会社設立後に代表取締役を引き受けてくださっていた方が突然辞任されるということがあって、10月から私は校長兼代表取締役になりました。それで、２００１年の3月までは校長と代表取締役を兼務してたんです。けれど、自分の中に矛盾が起こってしまったんですね。つまり、校長は、

学校行事の温泉一泊旅行

ある意味、教育のリーダーみたいなもので、やはり経営者とぶつかりますよね。今までは、何かあるたびに、私は働く側の先頭で旗を持って主張するというような存在だったんですね。それが、突然代表取締役になった。やっぱり甘くなかったです。何かが起こりますよね。当然、私なら、そういうときどんな行動に出るかがわかるんですよ。でも、経営の立場だと、それはできないこともあるんだということも理解できるようになりました。何人かは、そこで辞めていきました。私はそれまでインターカルトの親分のような感じで、みんなの味方で引っ張っていたのに、変わってしまった。校長を兼務するべきではないと思いました。それで2001年4月からは私が代表取締役、筒井さんが校長というかたちになりました。

代表取締役になった翌年の2001年のお正月から、みんなに今年の目標を書いて渡すようになりました。最初の年には学生を10カ国に増やすと一番に書いたんです。今では年間65カ国ぐらいから来ていますが、当時はたった4カ国だけでした。みんなでしっかり目標を掲げるということはとても重要で、そうすれば、何でもやっていけるかなと思います。SARSとかインフルエンザとか、在留の厳格化とか、いろいろなことを一つ一つ乗り越えてきました。……でも恥ずかしい話ですけど、インドネシアから戻ってくるときにつくると言った中級のオリジナルの教科書、できてないままなんです（笑）。

停滞は後退で、挑戦は当たり前

私の日本語教育の歴史は、そのままインターカルトなんです。その歴史を人に話す機会があって、そのとき私はインターカルトには四つの時代があるという資料をまとめました。

１９７７年にできたインターカルトの１９８８年までは「創成から繁栄の時代」、この最後の１９８７年に私は養成講座に入り、１９８８年から教師としての仕事が始まりました。次の１９８９年から１９９９年までは「挫折から再生の時代」、母体の倒産から新会社設立までです。２０００年から２０１１までは「変革から激動の時代」、私が学校の代表になったところから東日本大震災の年までです。そして四つ目の時代の今は「転換から始まる時代」と名付けました。

震災の翌年、私たちは英会話のイーオングループに入ったんです。それまで、様々な世の中の変化に翻弄されてきた私たちでしたけど、震災の発生が招いた事態によって、目の前の学生たちが一斉に帰国するのを見て、こんな砂上の楼閣を次の時代の皆に渡すことはできないと思っての決断でした。そしてさらに、２０１８年には私たちが属するイーオングループがそのままＫＤＤＩの傘下に入ることになります。

いる場所が変わったことによる変化はないわけではないけれど、でも、私たちの理念とか教育観とか、文化とか校風とか、そういうものはまったく変わっていないと思ってます。停滞は後退で、挑戦は当たり前と思っているので常に攻めの姿勢なのだけれど、でも守るべきものはあると思っています。

コロナで止まったという思いはない

コロナの間、学校に悲壮感はなかったです。留学生は入ってこなかったので、学校は静かになってしまいましたが、とにかく、この時間にやれることをやると決めたんですね。

日本語教師養成講座の通信講座を全部つくり上げようということになりました。日本中に拠点をつくろうと他校との連携で養成のサテライト校をつくりました。組織としての課題を挙げてプロジェクトチームをつくるということもしました。コロナ禍のマイナスを埋めるために何をしたらいいかを考えました。全員と面談して、自分は何ができるか、何がしたいかという話をして、結果全員若手だったのですが、事務局、日本語教育、そして養成の三つの部門をミックスして四つ選抜チームをつくり、目標を決めていきました。

さらに日本語教師向けの日本語教育セミナーを年間15回しました。Ｃａｎｄｏでの教え方、文法の教え方、ボイストレーニング、これからの日本、地域の日本語教育、外国人受入れ、海外の継承日本語について等、様々なテーマで15回実施して、合計で１５００人ぐらいの人に参加してもらいました。例えば継承日本語や地域の日本語教育は私たちはプロではないから、そこの教育はできない。でも、多くの人に知ってもらうために発信して、課題を理解し、考えて行動するきっかけにしてほしいと思ってしています。

さらに、オンラインの教材開発もしています。eラーニングとアプリは、もともと持っていましたが、国の補正予算事業でＡＩとＶＲの教材づくりにも挑戦しています。完成度はどうなるかわからないですが、これからの時代は絶対対面だけじゃない。オンラインだけでもない。どちらがいいというのではない、両方を組み合わせた新たな日本語教育のカタチをつくりたいと考えています。

という具合に、こんなことをずっとやり続けてきたので、コロナで止まったという思いはないんです。

「脱・日本語学校」宣言！

２０２２年「「脱・日本語学校」宣言！」と題した発表をあちこちでしました。そこで日本語教師の活動範囲を広げるための学びと活躍の場を提供すること、あらゆる分野で活躍できる日本語教育人材を育成すること、日本全国にネットワークの拠点をつくり、地域の活性化に貢献すること、いつでもどこでも学習できるＩＣＴ教材の開発を進めていくこと、外国人材に関わるあらゆる機関と連携し、多文化共生社会における価値を共創していくこと、という五つのミッションを立てたんです。これらは継続的に背負っていきたいと思っています。

でも社会的認知とか地位向上とか、その辺は全部私が日本語教師を始めたときから課題としては一緒なんですね。お金のことは言うなって言われたときから、私は日本語教師の待遇を上げるべきだし、社会的地位を高めなければいけないと考えてきたけれど、ほとんど変わっていない。道半ばだなと思っています。せめて何か、その端っこだけでも次の世代に渡してちゃんとつないでいきたいという気持ちで、新たな法律に向けた会議の委員などをしています。

自分のこれからの夢について今の段階で結論めいたことは言えませんが、人と社会をことばでつなぐ仕事をしていきたい。いわゆる日本語教育とか日本語学校とか、そういうことだけではなく、もっと大きく、日本社会と世界をつなぐとか、そういうことを仕事にしていきたいという思いはあります。

自分の地図を描いていってください

次の世代の人たちには、私たちの世代に追いつこうとか追い越そうとか思うのではなく、自分自身のフィールドを持っていってほしいです。私たちの描いた地図の塗り残しを塗ってなんていないで、そんなもの気にしないで、ちゃんと自分の地図を描いていってください。今はまさに皆さんの時代なんですから。

〈注〉

[1] 水谷修（みずたにおさむ、1932～2014年）。専門は日本語学、日本語教育学。名古屋外国語大学学長、国立国語研究所所長、日本語教育学会会長等歴任。日本語教育研究を学問領域としての確立、現代日本語研究の推進に大きく貢献した。早くから文部省・文化庁の国語施策・日本語教育施策立案に助言を行っている。日本語能力試験の創設・実施を指導し、日本語教育の国際的普及と標準を示した。

[2] 1章を併せて参照。

[3] 1989年6月4日（日曜日）に、中華人民共和国の北京、天安門広場に民主化を求めて集まってきた民衆に対し、軍隊が武力行使をし、多数の死傷者を出した事件。

[4] 1997年7月よりタイを中心に始まった、アジア各国の急激な通貨下落現象。東アジア、東南アジアの各国経済に大きな悪影響を及ぼし、金融危機（アジア金融危機）を含む経済危機を引き起こした。これによってタイ・インドネシア・韓国は、その経済に大きな打撃を受けIMFの管理に入った。

[5] 箱根会議については10章を参照。

8章 つながりからつくる、つながりをつくる

嶋田和子さん　アクラス日本語教育研究所　代表理事

常に新しい挑戦と発信を続ける嶋田さん。発信することが、次のつながりを生み出す。日振協で発表、OPI、そして『できる日本語』の作成、アクラス設立まで、嶋田さんの挑戦の軌跡とそこで生まれたつながりを辿る。

1946年生まれ。外資系銀行に勤めた後、専業主婦となり、日本語教師の道へ。1991年、イーストウエスト日本語学校の教務主任になる。以降、コミュニケーションを重視した日本語教育に取り組む。その教育理念を体現した教科書『できる日本語』のシリーズ（2011年より刊行、アルク、凡人社）を監修。東日本大震災を契機にイーストウエストを退職し、一般社団法人アクラス日本語教育研究所を設立。主著に『外国にルーツを持つ女性たち――彼女たちの「こころの声」を聴こう！』（2020年、ココ出版）など多数。

教師は学びつづけなければいけない

私は大学を出て、外資系銀行に勤めました。50年前は、まだ女性の社会進出は進んでいなくて、それでも外資系なら大学で学んだことを生かし、自分らしく働けるかなと思ったんです。でも、結婚を契機に、時代の雰囲気に押されるように仕事を辞めて専業主婦になりました。その後もずっと働きたいと思っていたんですが、その選択肢としてカウンセラーというのが頭の中にありました。というのは、夫の転勤で4年間、北九州にいたんですが、その間、いろいろな友だちから相談を受けることがあったんですね。だけど、あの時の自分のアドバイスはあれでよかったのかなという反省がありました。

それで、東京に戻ってすぐに、カウンセリングの勉強を始めました。上智大学の大学院に行こうと思って、心理学科の聴講生をしていました。アイルランドの先生だったのですが、合宿に参加した時、その先生が、「私の国のことばは、本当にすばらしい」と言って、アイルランドの詩を口ずさまれたんです。それが本当に素敵でした。私は、日本語についてそんなふうに言えるだろうかって思いました。それまで、私にとって日本語って空気のような存在だったから、日本語ってどんな言語なんだろうって興味が湧きました。

それからしばらくして英語のカウンセリングの動画を見ました。するといつも見ている日本語のカウンセリングとどこか違うんですね、受容と共感の仕方が。ノンバーバルや雰囲気の部分も含めて、クライアントとカウンセラーをつなぐことばが違うんだと改めて実感しました。それで、日本語のことをもっと知りたくなりました。じゃあ日本語を勉強してみようと思ったんです。

それがきっかけで、日本語教育の世界に入りました。最初、今はもうない日本語学校の養成講座に参加しました。1カ月36時間のコースで、理論的なことはほとんどなくって、教科書の教え方だけを実践的に教わるというものでした。講座の最後の実技試験で、「採用、うちでやってみて」って言われて(笑)、それで教え始めちゃったんですよ。80年代半ばのことです。そこは、英語を使いながらビジネスマンのプライベートレッスンをするという感じのところでした。

もう少しちゃんと勉強したい、420時間の養成講座も受けようかと考えていました。そんな時、忘れもしない1988年の1月31日、第1回の日本語教育能力検定試験がありました。とりあえず受けてみたら受かっちゃったんです。そうしたらもう、420時間の養成講座を取らなくても教える資格はあると言われたので、通う計画をやめて[1]、留学生が勉強している日本語学校でも教え始めました。自分の知識が十分だとは思っていなかったんですけど、独学で勉強しながら仕事をすることにしました。

家族には、もうお母さんがいなくなっちゃったと思ってと伝え、協力するよう頼みました(笑)。とにかく必死に勉強しながらやっていました。音声学、文法、教授法、いろいろな本を書斎に籠って読みました。講習会があるとできるだけ参加するようにもしました。複数の学校で教えていたし、プライベートレッスンも多かったので当然教科書が違うわけです。すると、教科書で使う文法用語も違うんです。例えば、ジョーデンの『Beginning Japanese』[2]のパート2からやってね、と言われたら、『Beginning Japanese』のパート1は徹夜して何日かかけて全部ノートをつくりました。そこで文法用語や、何課でどんな語彙や文法が出てくるかをばーっと頭に入れから授業に行きました。頼まれたレッスンや代講は断らない、でも絶対、手を抜かない、をモットーにやっていました。

自分に足りないものがたくさんあって、学習者にも申し訳ない気持ちもあったんですけど、それでも、そういう状況で日本語教師をやってよかったことは、教師はずっと学びつづけなければいけない、ということを身をもって知ったことですね。

仲間と一緒にやる——イーストウエストで教務主任

1990年10月にイーストウエストで頼まれて教えるようになりました。当時、三つの日本語学校をかけ持っていました。それが、91年の4月には教務主任になっちゃったんです。それまで週2回教えていて、授業が終わったら急いで帰ってたんですけど、熱心に教えていると思われたのか。あと、教員免許（英語）を持っていたということもあったみたいです。1月に校長に頼まれて、4月から専任教員、専任教員＝教務主任みたいな感じでした。私が入ったばかりのイーストウエストは牧歌的というか、まあ、あまり教育という面ではしっかりしていない学校だったんです（笑）。このクラスは『日本語の基礎』[3]、このクラスは『日本語初歩』[4]のように初級クラスが好きな教科書をバラバラに使っていました。400人も学生がいるのに、日本語能力試験（JLPT）の1級に合格するのは1桁というような学校でした。

そういう学校をよくしてほしいと頼まれたんです。それで、当時の私は経験も浅かったんですけど、受けちゃった（笑）。大変でした。１年目、とにかく必死でやりました。きちんとやれば、ＪＬＰＴなんて受かっちゃうから。１年目は37人、２年目は62名、３年目は３桁というように倍々ゲームで合格者が増えました。でも、そこでハッと気がついたの。私がやりたいことはこんなことじゃない。冗談じゃないと。

ＪＬＰＴの合格者数しか成果を形で明確には見せられないでしょ。なので、やりましたけど、１９９４年ぐらいから、私の本当にやりたいことはコミュニケーションだと、人とつながるために日本語教育をやっているんだと思いました。それで猛然と方向転換しました。ＪＬＰＴ対策に力を注ぐのではなく、コミュニケーション中心のカリキュラムに変更しました。コミュニケーション中心でしっかり学んでも、結果的にはＪＬＰＴに合格しますから。

まあ、今考えれば、専任の経験がない、教えた経験もたいしてないのに、教務主任を務めるのは大変なことでした。とても私一人じゃできない。だから、非常勤も常勤も一緒にならないとやれない。その経験は私の原点になっています。仲間と一緒にやる。

地域とのつながり

私がやりたかったことは人と人がつながる。留学生だって地域社会の中で生きる人たちなんだと思

なでしこ会と布巾を縫う留学生

っていました。だから、1991年に教務主任になった途端に私は地域と動き始めました。中野区に城山ふれあいの家という施設があるんですが、そこには、桜の木があって、みんな、「さくら館」と呼んでいます。さくら館とは、長くつながっています。例えば、『新日本語の基礎』の49課、50課で敬語を勉強したら、さくら館に行ってお年寄りの方々の童謡の会に参加して、日本の歌を教えていただいて、マレーシアの歌を教えて、一緒に歌って、敬語を使ってフリートーキングして帰ってくる。そう言うことは最初の頃からやっていました。

それから、なでしこの会との交流もあります。なでしこの会は、平均年齢85歳の女性が何人も毎週集まって布巾を縫うんです。その作品の販売もしているんですが、収益をイーストウエストに寄付したいと言ってくださいました。

それで、私は、じゃあ、なでしこ作文コンテストをやりましょうって提案したんです。学生たちは賞金や賞状をもらえたら嬉しいし、なでしこ会の方々も作文を読むのが楽しいじゃないですか。最初の頃は、会員の方々に優秀作品を選んでいただいていましたし、表彰は今もやっていただいています。83歳の方が、賞状を渡す前日、「女学校の卒業式以来の晴れ舞台」と緊張で眠れなかったって(笑)。

留学生たちもなでしこの会に参加して、一緒に布巾を縫ったりしていますが、若い人と話すと元気になるってお年寄りの方々も喜んでくださっています。留学生たちもかわいがってもらってうれしいって言っていました。そのほかにもビジターセッションになでしこの会の方たちに来ていただいたり、年末パーティにそれぞれの料理を持ち寄ったり、長く交流が続いています。お年寄りも留学生もただやってもらう人ではなくて、どちらもやってあげるし、やってもらうという関係づくりをしてきました。

日本語学校でずっとやっていきたい

教務主任というのは中間管理職、それは孤独ですよね。学校を変えようと働きかけるのは、とても孤独なことでもありました。私がイーストウエストに入った当時、組合に入っている先生たちが大勢いて、もちろん、組合が必ずしも悪いわけではなくていいこともやっていたんでしょうけど、組合員の先生たちが授業中にバーッと教室に押し寄せてきたりしたこともあったそうです。私は、そういった先生たち一人ひとりと会ってして、いい学校をつくろうよって対話を重ねていきました。

2000年代のイーストウエストにて

日本語学校の経営者は経営者で、日本語教育に興味がないから、それも問題でした。だから、95年に、もうこんな学校は辞めよう、辞めて自分の日本語学校をつくろうって思ったんです。自分の教育理念にあった学校をつくりたいと、ずっと思っていました。それで、ある人に相談したんです。そうしたら、その方が、「3年待ちなさい。辞める前に自分をもう一回見つめ直して、本当に自分がやりたいことは何かを考えなさい。そして、日本語教育以外の人の輪を広げなさい」って言ってくれたんです。それで、1年経って、やっぱり辞められない、私は仲間をつくって、みんなでここを立て直したじゃないかって、思い直したの。

2000年ぐらいになると、大学からオファーが来るようになりました。ある大学の先生から学校に電話がかかってきて、「嶋田さん、あんなに言ったのにどうして履歴書出さないの」っておっしゃるんです。みんな、教員室で耳をダンボにしてそれを聞いているじゃないですか（笑）。で、「すみません、本当にご厚意はありがたいんですけど、私は日本語学校でずっとやっていきたいと思っています」って返事したんです。それをみんなが聞いてて、「先生、聞いちゃったけど、ほんとにいいんですか？」って。そんなこともあって、みんなの結束がさらに固くなりました。

非常勤として大学で教えたり、科研費のプロジェクトに参加したりすることもあるけど、私は、常に所属をイーストウエストにしてきました。「イーストウエストの嶋田」でいたかったのね。だから、日本語学校の社会的認知をもっと上げようと思っていました。

発信することから生まれるつながり――日本語教員研究協議会から

私の一つの転機は、日本語教育振興協会の日本語教員研究協議会[6]です。現場教師の研究発表の場をつくろうと1997年に始まりました。1995年に西尾珪子先生[7]の呼びかけで、西原純子さん（2章）と奥田純子さん（5章）と私が集まって、4人でよく話し合っていました。京都で会ったり、東京で会ったり。それで、現場の教師が実践について発表する場が必要だろうと提案したんです。

でも、いざ、始まるとなかなか発表者が集まらなかった。周りの人を誘っても、私たち研究の手法とか知らないし、やったことないしって言われてね。でも、せっかく大学じゃなくて、日本語学校の先生の研究発表の場をつくってるのに、発表しないってまずいんじゃないかって思って、私はやりました。韓国語母語話者のための音声指導について発表したんです。音声学も独学で勉強して、どうすれば韓国語話者が間違いやすい発音の指導がうまくいくかについて話しました。生まれ初めての研究発表。

36時間の養成講座以外、誰かから教わったわけではない。教えてくれる人は周りにはいない、師匠もいない、まったくの一人で準備して発表したんです。周りからは、あなた、教務主任なのに失敗したらどうするのって言われました。いや、失敗したら失敗から学ぶし、失敗した教務主任じゃダメだって言うなら、教務主任を辞めたっていいし、と思って、思い切ってやったんです。そしたら、結果は大成功でした。

発表したことでいろいろなことが始まりました。まずは、その発表を聞いていた静岡日本語教育センターの理事長が声かけてくださって、すごくよかったから、うちの養成講座でも話してくれってなりました。それから留学生教育学会でも発表してくれって言われて、発表しました。

翌年には、ＫＤＤＩの主催で４００人の韓国人が集まったオリエンテーションがあったんです。そこで、30分の発音指導を頼まれました。日本語でやっていいって言われたんですが、私、韓国語でやりますって。92年から独学で韓国語の勉強もしていたんです。韓国人の留学生って、日本語の読み方じゃなくて、韓国語の発音で名前を呼ばれたいじゃないですか。だから韓国語で名前を呼べるようにと思って勉強を始めたんです。

で、その発音指導を聞いていた人の中に韓国の出版社の社長がいたんです。それで『日本語の達人になる方法[8]』という本を出版することになりました。これが、私が最初に出版した本です。だから97

年の9月に研究協議会があって、そこで憶せず発表したことで、どんどんつながって、2000年には本を出版するまでに至りました。これが私の一つ目の転機ですね。人はすべてつながっているんだと思いました。

目から鱗のOPI

もう一つの転機は、1997年にOPI[9]のテスター資格をとったことです。1990年に日本でOPIワークショップが始まりました。その時からずっと興味があったんですが、教務主任をしているとなかなか時間がとれなくて、行けないでいたんです。ですが、ついに97年の12月に、もうこれ以上延ばせないという思いがマグマのように湧いてきて、みんな、ごめんなさい、どうしても12月21日から24日まで行きたいって言って、なんとかスケジュール調整してもらいました。その代わり、そこで得たものはちゃんと学校に還元するからって。みんな、また嶋田がなんか新しいこと始めたよって感じであんまり関心はなかったですけど(笑)。

通常、OPIテスター資格の取得まで1年くらいかかるんですけど、3カ月でとりました。もう冬休みの時間のある時にやっちゃわないと時間ないので、家族には今年のお正月はないと思ってと言って集中的にやりました。

やっぱりOPIは、目から鱗でしたよね。今までコミュニケーション重視で、タスクベースでやっていると思っていましたが、まだまだ足りなかったと痛感しました。それで、OPIの知見をもとにカリキュラムの見直しを行いました。それから2000年にはイーストウエストで新しい会話試験も開発しました。それが教科書『できる日本語』の開発につながっていきます。

『できる日本語』の誕生

2000年代になるとOPIに加えてCEFR[10]も出て、いわゆる文型積み上げ式の教科書をただ粛々とやっていたら、日本語教育は世界の言語教育においていかれてしまう。そんな問題意識を持つ人が増えてきました。それで、2004年頃でしたが、出版社のアルクから新しい教科書をつくりませんかって声がかかったんです。それは、私がOPI研究会などで活動したり、イーストウエストがOPIを取り入れたカリキュラムでやってたからです。

最初、アルクは、中級の教科書をつくろうって言っていたんです。でも、初級を文型積み上げでやって、中級からでは、教師の頭は変わりません。だから、もし引き受けるなら初級からと伝えました。そして初級の『できる日本語』からつくり始めたんです。そのコンセプトは、「自分のこと／自分の考えを伝える力」「伝え合う・語り合う日本語力」を身につけることを目的にした教科書です。日本語によるコミュニケーションの中でも「対話力」に重きを置き、人とつながる力を養うことをめざしました。教師も学習者もわくわくする授業になるようにとの願いを込めてつくったんです。

実際つくるとなると大変でした。場面と状況を考えて、そこに当てはまる文型と語彙を考えて、ということを全体のつながりを見ながら何回もやりなおしました。それから一番大事にしたのは、他者

『できる日本語』と嶋田さん

への配慮です。例えば、従来の教科書だと、「サラダはまだありますか？」「はい。まだあります」。これで終わりなのよね。でも私たちの練習は、「サラダはまだありますか？」「はい。まだあります。どうぞ」という。そして、「ありがとうございます」。そういう他者とつながるためのコミュニケーションを大事にしています。

1冊目の教科書ができたのが２０１１年の4月ですから、まあ、時間がかかりました。でも、イーストウエストの先生たちと対話を続けながら、みんなでやれたのがよかったと思います。７つのチームをつくり、教材作成に意欲のある先生たちと夜遅くまで議論しながら作業しました。終電が終わってタクシーで帰るような日もあって、家庭崩壊するんじゃないかって思ったくらいです。でも次第に夫も理解してくれるようになって、若い先生たちの自己実現につながるんだったらいいよって言ってくれました。途中、いろいろ大変でもう教科書にならないかもしれないって時も、先生たちが、たとえ教科書にならなくてもいいんです、これは私たちにとってとてもいい教師研修になったと思っていますから、学内だけの教科書で十分ですって言ってくれました。その時は、心の中で泣いて、絶対、この教科書を完成させようって思ったんです。

調査で終わりたくない――能代とのつながり

2007年に国立国語研究所の野山広さんから定住外国人の散在地域の学習環境を調査したいと連絡がありました。量的な手法ではなくて、エスノグラフィー的なものでやりたいということで、そこにOPIの手法を取り入れることになり、OPIのトレーナーの資格を持っている私に声がかかりました。そこで秋田県の能代に調査に行ったんです。

定住外国人の方たちのお話を聞いて、どのような日本語の使用場面があるのか、どのように日本語の力が伸びているのか、あるいは伸びていないのかなどを調査しました。私は、OPIは、一つの対話だと考えているんですが、OPIの調査が終わってからも語りが続くんです。当時60代のある女性は、30分のOPIの調査の後、1時間半もしゃべり続けていました。OPIのインタビューでは、いろいろ意見とかを話すように求めるわけですね。それは、普通の雑談とは違う。そうすると、そんなこと今まで聞かれたことがなかった、でも、私、自分の意見を言えるんだねって話すモチベーションにつながるんですね。で、OPIの調査が終わると自由に話せるから、さっきの話だけどね、といろいろ語ってくれました。

私は調査として行っていましたが、調査で終わりたくないなと思いました。ＯＰＩのフィードバックをしたりする中で、能代の方たちともいい関係がつくられていきました。[11] 大学の先生たちの研究は、調査したら終わりっていうのが多すぎる気がしています。そうじゃなくて、つながりを大事にするということを私はしたい。今もＤＶから逃げてシェルターで暮らす女性とずっと交流が続いています。やっと離婚が成立したんですが、彼女が救われたのは、日本語ができたことが大きかったです。彼女には４人の子どもがいますが、私にとっては孫みたいな存在です。「ことばの学びは人権」っていうコーディネーターの北川さんのことばがずっと心に残っています。

みんなが集まりたくなる場所――アクラス日本語教育研究所の設立

杖をつくようになってもイーストウエストにいてくださいって言われていたんです。でも、２０１１年の東日本大震災があって学生が激減しました。そこで学校の経営者は常勤の先生を３人解雇するって言ったんですね。だから、私が辞めるからそれだけはやめてほしいって言いました。結局、３人解雇という数は変わりませんでしたが、まずは自分がその対象になりたいと思い、申し出たんです。

突然辞めることになって、どこかに就職しようという気は一切ありませんでした。辞めてからこれまでのこと、これからのことを考えようと思ったんです。でも、まずは、場所だけでもつくろうって

設立記念にアルクと凡人社からプレゼントされたプレート

なりました。それでイーストウエストの近くに場所を見つけて、アクラス日本語教育研究所を設立しました。

アクラス（ACRAS）とは、「明日」という意味のラテン語【cras】に、「また明日」を意味するフランス語【à demain】の「à」を付けてできたことばです。その時はもう、本当に辛かったですから、「どんなことがあっても諦めず、明日に向かって進もう」という思いを込めて命名しました。

アクラスでは基本的に事業も授業もしません。ここは出会いと対話の場にしようと決めたんです。サロンです。ここでみんながつながってくれればいいと。だから人を雇ったりもしていません。月から金まで担当を決めて、イーストウエストの非常勤の先生方がボランティアで来てくれて、学生や先生が来たら一緒に話したり、相談に乗ったりしています。あとは人を呼んで研修会を開催したりしています。そういうことを通じてつながれる場所というコンセプトです。みんなが集まりたくなる場所にしたいと思っています。

こんな時代だからこそ希望がある

今は、本当に変化の時代です。でも、こんな時代だからこそ希望があると思います。時代がこうだから、じゃなくて、自分がこうありたいと思う方に向かって動いていけばいいんじゃないでしょうか。自分たちでつくっていくという気持ち、当事者意識が大切ですね。

私がスタートした時代も今とは違った意味で大変でした。情報もあまりなかった、手探り状態だったんですね。でも今はかえって情報が氾濫しています。だからこそちゃんと一次情報にあたって、それを精査して、自分がどう動けばいいかを考えてほしいです。今の時代は、情報編集能力が必要だと思います。必要な情報をとって、それを編集して、さらに自分で発信していくということに挑戦してほしいです。なかなか発信までに至っていない人が多いんじゃないでしょうか。でも、そうすると人は受け身になってしまいます。世の中に何が求められているかよりも、自分が何をしたいか、すべきかを大切にして、主体的にやってほしいですね。

そして、発信すれば、そこにつながりが生まれます。これからは、特に他領域、例えば、介護や企業などと一緒にやっていくといった努力も必要です。他領域・多領域とつながりながらグローバルな規模で、日本語教育をデザインできる人がどんどん出てくるといいなと思っています。

40年経って、やっと大きな変化の時代がやってきたと、ある意味感無量です。国が日本語教育にし

イーストウエストの留学生たちと

っかり取り組もうとしている今、教育機関、教師それぞれが個性を生かして、そして協働して日本語教育に向き合っていきたいですね。もっと言えば、日本語教育の枠を超えて、ことばの教育っていう視点を大切にしてほしい。発信、対話、連携、協働、それをくり返しながら、大きなムーブメントになっていくんだと思います。「こんな時代だからこそ希望がある」って言ったので、私がいつも大切にしていることばを紹介させてください。「学ぶことは心に誠実を刻むこと、教えることは共に希望を語ること」[12]。これからも仲間と一緒に歩み続けたいと思っています。

〈注〉

[1] 当時、日本語教師になるためには、大学で主専攻、あるいは副専攻で日本語教育を学ぶ、420時間の養成講座を修了する、日本語教育能力検定試験に合格する、のいずれかが必要であるとされていた。

[2] Eleanor Harz Jorden『Beginning Japanese』（1962, Yale University Press）。4章（江副）、5章（奥田）も併せて参照。

[3] 『日本語の基礎』シリーズ（海外技術者研修協会著、スリーエーネットワーク）。1970年より刊行。『新日本語の基礎』『みんなの日本語』の前身にあたる教材。3章（小木曽）も併せて参照。

[4] 鈴木忍・川瀬生郎・国際交流基金日本語国際センター編『日本語初歩』（1985年、凡人社）。

[5] 科学研究費助成事業。日本学術振興会による競争的研究費のこと。

[6] 日本語学校の教師が自分たちの実践に根差した研究を発表する研究会。日本語教員協議会は1989年より行われていたが大学の講師を招いた講演会で役に立たないと不評であった。嶋田さんが発表した年から日本語教師主体の会になった。10章で取り上げる箱根会議に先行する形で、日本語教育振興協会の改革の一貫として始まった。9章（緑川）を併せて参照。

[7] 西尾珪子（にしおけいこ、1932〜2021年）。元公益社団法人国際日本語普及協会会長

[8] 嶋田和子『일본어의 달인이 되는법』（2000年、사람인）。

[9] Oral Proficiency Interviewの略。全米外国語教育協会によって開発された汎言語的に使用できる外国語の口頭運用能力を測定するインタビューテスト。

[10] Common European Framework of Reference for Languages（外国語の学習・教授・評価のためのヨーロッパ言語共通参照枠）。

[11] 能代での築いたつながりをもとに嶋田さんは『外国にルーツを持つ女性たち——彼女たちの「こころの声」を聴こう！』（2020年、ココ出版）を刊行した。

[12] アラゴン、大島博光訳『フランスの起床ラッパ』（1951年、三一書房）より。

9章

なんぼのもんじゃい!

緑川音也さん

アイザック東京国際アカデミー　元校長

緑川さんの日本語教師人生は波瀾万丈だ。幾つもの日本語学校を渡り歩きながら、日本語学校の栄枯盛衰に立ち会ってきた。１９８９年に日本語教師の道を歩み始め、現在も一日本語教育者として現場に立ち続ける緑川さんの原動力を探る。

１９５２年生まれ。早稲田大学卒業。１９８９年より現在まで、国内および国外で日本語教育に携わる。本業の傍ら、近現代史について探求する。主著に『日本語の心を伝える形容詞（初・中級）』（２００１年、専門教育出版）、翠川翔のペンネームで『国よ何処へ――平成の日本語学校物語』（２０２４年、ブイツーソリューション）。

日本語教師を始める

日本語教師を始めたのは１９８９年、いわゆる上海事件[1]の直後でした。私は、大学は教育学部の国語国文学科出身で、卒論は夏目漱石[2]でした。漱石の時代は明治大正で、日本は西洋文明と格闘をしていたんですね。ですから、漱石が苦悩した世界は、自分の中でも課題としてあったんです。それで、大学卒業後、まず見てみたいというのがあって、70年代の終わりにイギリスとフランスへ行ったんです。帰国後は80年代後半まで営業の仕事をしましたが、日本文化を世界に広めたいと考えて、海外でビザが取れる日本語教師を選んだわけです。営業の仕事をしながら通信講座で資格をとりました。

バブルの経営者たち

私が日本語教師の仕事を探しはじめた頃はバブルの経営者ばかりでしたね。当時私は大塚に住んでいたのですが、近くに大きな日本語学校がありました。まず、その学校に行ったんです。そうしたら、「ぜひ来てくれ」と頼まれたんですね。すごかったですよ。まだ日振協[3]ができる前で、一つの教室に大体50人から60人ぐらいいました、いや、１００人いたかもしれません。そこに煙草の煙がもくもく上がってるんです。どこかの昔の駅の、待合所みたいな感じです。採用はされたんですが、その時、この学校は不適格校に指定されていると言われましてね。上海事件の後、23校の不適格校[4]を法務省が指定したんですね。それで、その不適格校というのは何なのかを調べてみたら、もうお取りつぶしの

イギリスにて

対象なんです。で、「ちょっと申し訳ないけど」と断りました。

それと、新宿歌舞伎町に日本語学校があってね、そこも見学だけしたんです。それで、「この学校の学生さんはどういう人たちですか」って聞いたら、「歌舞伎町にあるんだからわかるでしょ」って言われたんです。つまりホステスさんたちに日本語を教える学校だったんです。当時は、入管法について知らなかったので、こういう学校もあるんだなって思ったんですが。さすがに気が進まなかったので、こちらから断りました(笑)。

「先生、いつ辞めるんですか」

そういうふうにいくつかの学校を見て、その中でも少しまともだった日本語学校に入りました。そこはグループ校で、私が入ったときは池袋と北池袋と板橋など、全部で10校ぐらいの校舎があって2000人ぐらい学生がいたんですよ。事務の人に最初に聞かれたのが、「先生、いつ辞めるんですか」という質問です。入ってすぐ、いつ辞めるんですかって(笑)、何でだろうと思ったら、専任は大学の教員になったり、大学院に行ったりして大体半年で辞めるというんですよ。それで私もいつ辞めるんですかと聞かれたわけです。何で、最初にそんなことを聞くのかなと思ったんだけどね。

「主任にして出しておいたからね」

1989年4月、まさに平成元年が私の教師人生のスタートなんですけど、それと同時に、確か5月か、6月頃に、日振協ができたんですね。ですから、書類を出さなければならなくなったんです。[5]当時、私はまだ非常勤だったんですよ。非常勤だったけれど、「緑川さん、教師資格に一番合ってるから、主任にして出しておいたからね」なんて言われて、常勤になってしまいました。当時はいろいろな先生がいましたよ。それこそエアロビクスの先生がいたり、専門学校の英語の先生がいたり、高校の国語の先生がいたり、体育の先生がいたり、会社経営のビジネスマンがいたり、劇団四季の人たちがいたり。その年に日本語教育能力試験に合格した人が、1人だけいました。その次の年に合格した人も1人出て。そんな感じでした。

1週間36時間、なんぼのもんじゃい

駆け出しの頃は、1週間36時間教えていました。楽しくてしょうがなかったんですよ、教授法を身

駆け出しの頃（最前列中央が緑川さん）

につけるというのがね。教え方を身につけるにはやっぱり3年ぐらいかかるでしょう。それしか考えていなかったので、あまり周りは気にならなかった。午前、午後教えて1週36時間です。水曜日の午後だけ空いている。それで給料が22万円ですよ。でも当時私は気にしませんでした。スキルを身に付けるために場数をたくさん踏む。それが必要だったから私は喜んでやっていましたよ。1週間36時間、なんぼのもんじゃいみたいにね。また、毎週どこかのクラスで試験をやりますから、大体土曜日は、自宅でテストの採点が朝から晩までかかるんですね。100人分ぐらい採点しますから。そんなことを3年ぐらいやりましたね。

外国の人に教えるというのは、何て言うんでしょう。ギャップを埋める作業になるじゃないですか。カルチャーギャップというか、コミュニケーションギャップというかね。このギャップを埋めていくことが楽しいっていうか、おもしろいというか。相互理解だから、教える側の相手、例えば中国人や韓国人の歴史や文化を、ずいぶん研究しましたよ。本を読んだりしながら、本当にそうなのかなと、付き合いながら確認していきました。日本人も中国人も、外見は似ているけど、中身はまったく違う。これはどうしてそうなってるのかなって、探求するというか、おもしろかったです。

「ああいうクラスを担当できるのは先生しかいないよ」

いろいろな学生がいましたね。北池袋にあった学校でね、学生が200人入ってきたんです。簡単な日本語の試験をして、ＡＢＣＤ…Ｊぐらいまで20人ずつ10クラスに分けました。一番上のクラスの学生はものすごく優秀なんですよ。元々医者だったとか、オリンピック選手、大学の助教授をやっていたとか。そういう人たちがごろごろいましたからね。一方、一番下の学生はチンピラ、やくざ、ひどいもんですよ。それこそ教室でたばこを吸っていましたし、飯を食っていましたし、寝ているし。授業が始まるとみんなでリンゴの皮むきを始めるんですよ、ナイフを出して。それで「先生にもやるよ」と言ってナイフで突き刺したリンゴを持ってきて脅すんです（笑）。缶ビールを飲みながら入ってくる学生もいました。私が「酒は駄目だよ！」と言ったら、ホワイトボードをバーンとたたいて、「俺のカネで買った！」って、私を殴ろうとしたんです。そしたら、みんながわっと止めてね。外国人に危害を加えたら死刑だったみたいですよ。当時の、中国の法律ではね。

授業で、ある学生を指したら、他の学生が「先生、あの人はわからないんですよ」って。「何がわからないの」って聞くと、「字読めないんですよ」と。「何で」って聞いたら、文化大革命[6]の影響で、新聞も本も読んだことがないんだと。漢字がわからないんですよ。自分の名前は書けるけど、それ以外の漢字がわからない。そういう人が留学生として来ているんですからね。

そのクラスで教えていた女性の先生が、総務省（当時は、総務庁）のお役人の奥さんで、とても気丈な人でした。そういう方が結構いました。教員の規制が緩かった時代ですから、非常勤には総務省や農林水産省の役人の奥さん、大学の講師、専門学校の英語の先生、家庭の主婦もいました。もちろんシングルの方もいますけど。誰々の奥さん、そういう人たちは100万円以内でしか働きたくない。皆さん、豊かなんですね。ところが、そこで働いている常勤の男性教員は、「マルビ」の極致というか、貧乏人の集まりですから（笑）、その格差は大きかったですね。漫画みたいな話ですよ。よく言われていたのは、経営者はやくざか土建屋、そして学生は労働者、働いている教員たちは金持ちのお嬢さんたち。こういうふうな位置づけをね、漫画的に言っていましたね。

おそらく日本に働きに来た学生たちは、特に下のほうのクラスはね、やっぱり日本人の奥さんたち、お嬢さんたちを見ていてまぶしかったと思いますよ。自分たちは毎日借金返すために3Kの仕事をさせられているわけでしょう。だから一番下のクラスを担当した女の先生は、お尻触られたり、ストーカーに遭ったりと、ひどかったですね。だから気丈な先生しかできない。一番下のクラスは、私が週2日、あと総務省の奥さんが週2日。で、1日だけ、その学校の校長。男の先生で小学校の教頭を定年退職した人でした。そういう人しか持てなかったんです。その校長から、「ああいうクラスを担当できるのは先生しかいないよ」と言われたものです。

「先生、お世話になっています」

当時、池袋の飲食店の時給は確か、600円ぐらいだったと思いますね。その額が、中国人が来るようになってどんどん跳ね上がったんですよ。なぜかというと、500円の時給のところにいると友だちから「うち、600円だ、うちに来ないか」と。他が「うちは700円だ」と出すと、また移ってしまうんですね。それで、時給の安いところは、人手が足らなくなっちゃってね、結局、軒並み時給を上げざるを得なくなった。900円台になったんですね。で、池袋あたりで食事したり、飲み屋さんに入ったりすると、ビールを持ってくるんですよ。「えっ、頼んでないよ」って言うと、「先生、お世話になっています」みたいなことがありました。当時は、36時間も教えているから誰に教えているかわからないんですよ。しかも来たり来なかったりするでしょう。「あなた、ここで何やってるの?」って聞くと、そこの店長をやっていると。90年代の頃は、そういうこともありましたね。

群馬の学校へ

90年以降、3年の間にそのグループ校の学生数が2000人から150人にまで激減しました。[7]経営者が10ぐらいあった学校を畳んで縮小していったんですが、最後に二つ残った校舎を合併させました。そうしたら、450人分ぐらいのスペースの校舎に150人ぐらいしかいないんですよ、学生が。それで、先生たちはどんどんクビを切られていきました。最後にはいい先生たちだけが残ったんです。経営者も、「これだけの人たちがいるんだから何かできそうだな」と言いつつも、しかし家賃がある。当時は校舎が賃貸でできましたからね。450人も入れるような建物は大きいんですよ。そこに150人でしょう。家賃と人件費、募集経費。それを計算するとどうしても、その人数だと学校経営は赤字になってしまうんです。「先生たちも何か経営の方法を考えてくれ」と言われてね。建物の前にちょっとしたスペースがあったから、ここで朝市をやろうとか（笑）。いろいろやりましたけどね、結局、経営者は見切りをつけたわけです。そして、「今年度いっぱいでもうやめる」と言い出しました。その年度の末には、100人ぐらいしか残っておらず、他の学校に転校させることになりました。その頃、ちょうど群馬の学校から「ぜひ来てください」と誘いがきて、私はそこに移ることになりました。

ゼロからの立ち上げ

ゼロからの立ち上げでした。群馬県沼田市の近くの、月夜野町温泉病院というところに、日中医学協会の関係で中国の女性のお医者さんが研修で1年間滞在したんです。その人の夫が汪大捷[8]という人で、中国の有名な日本語関係者だった。彼は日本語の教科書や辞典を、周恩来さんから頼まれてつくったそうです。つまり中国の日本語教育界ではかなりトップレベルにいた人です。その汪さんが沼田市長と会って、ここに日本語学校を設立しましょうという話が出たんです。そこで、その地の中国残

沼田の学校の職員たちと（後列右端が緑川さん。前列中央が汪大捷氏）

留日本人[9]2世の方が中心になって、ライオンズクラブの人たちが動いたんですよ。一人100万ぐらいずつ出資金を集めて学校を始めたんですね。地元の思惑としてはやはり人手が足りなかったんでしょう。若い人たちは外へ出てしまう地域です。ですから労働力が欲しかったということなんでしょうね。

だけど、その後がひどかった。ライオンズクラブの人たちがもうこれ以上お金を出せないということになってね、学校の許可が下りたのに、スポンサーがいなくなってしまった。私が沼田市の学校に行ったときには、「これから新聞広告でスポンサー探しをします」と言うから、おいおいと（笑）。それで、もうどうしようかなとね。ま、それが2〜3カ月続いてスポンサーが見つかり、一応給料は出ましたが。

認可されたのは3人

その地域には、地元の大手ゼネコンが三つか四つあるんですけど、その中の一つが、オーナーを引き受けたんです。そうしたら、その社長さんはいい人なんですが、「学生を、月曜日から金曜日まで現場で働かせて、土日だけ授業をさせてくんないか」という話をしてきたものだから、「いや、それはちょっと勘弁してくれ」と。で、こんなんじゃ私ももう東京へ帰ろうかと真剣に考えたんですが、そのうち社長も顧問弁護士からそんな働かせ方は違法だと聞いたみたいで、言わなくなったんです。学生の宿舎も、古い社員寮をあてがってくれて。一応学校としては成り立ったんですが、最初に30人ぐらいの書類を出して許可されたのは3人ですよ。まあ、新規校ですからね。既にスタッフもいるわけですよ。教務主任の私、あと専任教師も1人、事務職員が2人。学生3人だとちょっとやっていけない。

それで2回目の申請の時に、学校のゼネコンの社長と元国会議員、あと事務長と私と、そこにいた学生を1人連れて法務省まで陳情に行ったんですよ。それで、「何とかしてくれないか」と頼んだんです。そうしたら、担当者から「じゃ、上申書を出してください」と、リストを渡されたので、「上申書、この5人についてよろしくお願い申し上げます」みたいなことを書いて出したわけですよ。その何人かが許可されて入ったんですけどね。

そのときは、元国会議員の顔を立てたんだけど、それからがもっとひどくなった。毎回1人ですよ、申請して1人。だから政治家を使うとそういうことになるのね。役人が反発ですよ。もう毎回1人ですよ、許可されるのが。そうするとね、学校を始めて3年も経つのにまだ10人ぐらいしかいないんです。まあ、私は大体そこに10年近くいましたが、そのころにはもう40人ぐらいにはなっていましたね。

世界史の授業について発表する――日振協の研究協議会

日振協に関わるようになったのは、この群馬県の学校の頃です。まずは研究協議会[10]での発表です。1997年、おそらく箱根会議[11]の頃じゃないかと思うんですね。新しく日本留学試験[12]ができるので、日振協が私費外国人留学生統一試験[13]や日本語能力試験に関する研究発表をする人を募集したんです。私は統一試験対策として世界史の授業をやっていたから、それを発表したら、皆さん、いい反応だったんですね。その方向性が今の留学試験の世界史に入れられたことは確かです。

当時は日本語能力試験と統一試験というのがあったんです。学生はそれに加えて各大学の試験も受けなければいけない。三つも試験を受けなきゃいけないから大変なんですよ。その統一試験の中に世界史が入っていました。群馬の学校にいたときに、結局毎年一人とか二人しか入ってこないから、4月に入った学生と10月に入った学生を、同じクラスで教えるしかない。で、日本語能力は大体初級と中級ぐらいの差があるわけです。どうやって教えるのか。せいぜい一人とか二人とかのクラスですよ、合併してもね。そうすると日本語の教科書だけだと、レベル差がありすぎるでしょう。同じ教材は使えないですよ。だから世界史を教えたんですね。世界史の教材だったら同じものを使えると思った。で、読解教材として教えた。それが受験にも役に立つし、継続的にやってみたんです。もちろん日本語を教えながら、世界史を教えましたよ。世界史の授業を週に2回ぐらいやったのかな。個人的に世界史が好きだったというのもあります。彼らがわかりやすいようにいろいろな番組を録画して、

沼田の学校の学生たちと（前列右端が緑川さん）

授業でその動画を見せたりしました。そういう効果で理解が早かったですね。でも、授業準備には相当時間がかかりましたよ（笑）。

それで、わかってきたんですが、世界史は片仮名ことばが多い。例えばジョンだの、アレキサンダーだの、カエサルだのが出てくるんですが、ほとんどの中国の人たちには誰のことかわからないんですよ。例えば「ジョン」を中国では「ヨーハン（約翰）」と言うんですね、ロシア語経由なんですよ。ですから、中国ではヨーハンがジョンだということがわからないんですよ。つまり、それぞれの国の言語で勉強しているにもかかわらず、日本語でそれを何て言っているかがわからない。変換できていませんからね。

世界史は暗記科目でしょう。そして事実の羅列で、そんなに難しい文法項目を使っているわけではない。それで、中国語と片仮名文字の対照表をつくって世界史を教えたんです。その結果、世界史の授業をやらずに統一試験を受けた学生は2～3割しか取れなかったのが、進学希望者に世界史の授業をやるようになってから、大体8～9割取れるようになったんですよ。そうしたら、国公立大学や有名私立大学に入れるようになったんですね。日本語力は大したことないんです。だけど、そこで点数を稼げるわけです、それをやったかやらないかで。それを3年ぐらいやって実績を出してから、日振協の大会のときに研究発表をしたんですよ。いかに世界史の片仮名語が留学生にとって負担であるかということを発表したんですね。

世界史を教えることがちょっとしたブームに

そのときに、世界史の発表をしたのは私しかいなかったし、今までそういうことをした人もあまりいなかったんですよ。当時の日本語教育学会の会長だった野元菊雄[14]さんが来ておられて、「とってもよかった、非常に参考になった」とか、杏林大学の有名な先生が、「いや、とてもいい視点だ」とか何か言ってくれたのを覚えています。

その発表がちょっとしたブームになったんです。当時は、早稲田とか慶應も統一試験受験が必須でしたからね。それであちこちの日本語学校で世界史を教えられる先生の求人がどんどん出るようになりました(笑)。

ちょうど日本留学試験のシラバスが検討されている時期でした。日本留学試験に総合科目[15]という試験がありますね。地理と世界史、現代社会、それから政治・経済が入りますよね。総合科目をどうするかという会議に出ていた日振協の佐藤次郎理事長から直接電話がきて、「世界史についてはどうなの」と聞かれたこともありました。片仮名が多すぎるから負担が大きいこと、それから特に近現代史、これは国によって違う教え方をしているということを話しました。統一試験の世界史の範囲は、ギリシア、ローマから、つまり古代からです。でも私が発表したことで、片仮名語が難しいということが議論になり、現在の留学試験に出る世界史は、近代、産業革命以降になったんですよ。それ以前はカットになりました。それは私の発表の影響が大きかったと思います。

実践研究プロジェクトチームのメンバーに

箱根会議で、プロジェクトチームが二つできました。一つは日本留学試験のシラバスづくりで、西原さん（2章）、嶋田さん（8章）たちのチーム。もう一つは実践研究のチーム。奥田さん（5章）、江副（4章）さん、山本さん（6章）、加藤さん（7章）がいて、主に奥田さんが音頭を取って『実践研究の手引き』[16]というのをつくりました。私は、世界史の発表がきっかけで実践研究チームのメンバーに選ばれたようです。

あるとき日振協から電話が来たんですね。「先生、ちょっとプロジェクトの委員になってくれませんか」って言うから、「いや、群馬から行くのは大変ですし」と言って断ったんですよ。そうしたら「FAXでやり取りすればいいですから」なんて言われて。とりあえず、1年間だけということで参加することになりました。頻度としては、2、3カ月に1回ぐらいありました。

チームでは最初に現場の問題がどこに原因があるのかという分類をしました。奥田さんが言うには実践研究というのは現場の問題の解決なんだと。つまり問題は教材の問題なのか、カリキュラムの問題なのか、あるいは学生募集方法の問題なのか、生活指導の問題なのか、教師の問題なのか、教授法の問題なのかと。今、現場で起こっていることの何がどのように問題なのかということを、分類していったんですね。ＫＪ法[17]ですか。そのような現場の問題をどう解決するかというのが実践研究であって、研究のための実践ではないんだと、そういう視点を出したわけです。

『実践研究の手引き』

それで、いつの間にか、『実践研究の手引き』をつくるという話になったんです。多分それはみんなで決めたというよりは、奥田さんが音頭を取って、みんなが賛成して、そういう方向になったのだと思います。特にプロジェクトメンバーの5人が、誰かがリーダーということはなかったと思うんですね。でもどうしてもその手引きの流れというのは、奥田さんがリーダーシップを取る形になりましたよ。もっと言えば、あの手引きの考え方というのは、奥田さんの頭の中から出てきたものだから。ただ、彼女が話すことばが、かなり英語がたくさんあってね、わかりにくいんですよ。

それで、メールで私のほうにも送られてくるんだけど、それを私が、これはこういう表現にしたらどうかと提案するようになって。奥田さんの難しいことばを私がわかりやすいことばに直したっていうか。後ろのほうにある資料の部分は確か、江副さんや山本さんがやったように思いますね。

実践研究チームのメンバーと
（左から緑川さん、江副さん、山本さん）

実践研究チームのメンバー
（左から江副さん、山本さん、加藤さん、奥田さん）

KJ 法を使って説明する奥田氏

だから、奥田さんが書いた内容が、凡人の私でもわかるように直した、そんな感じですよね。天才と凡人のね、その、妥協案でこれができたんです。でも、私には、たぶん最後までわからなかったんじゃないかな。

あれは新宿日本語学校に集まったときかな。おしゃべりしながらね、私が「日本語学校からソシュールやチョムスキーが出たっていいんじゃないか」と言ったんですが、奥田さんは、「日本語学校が研究するのは、大学のアカデミズムではないんです」というスタンスでしたね。日本語学校が研究することは、あくまで実践研究だという主張をしていたんです。

ですから、江副さんや山本さん、加藤さんはわかっていたかもしれないですが、私なんかは全然わかっていなかったんじゃないかな、大学の研究と日本語学校の研究は違うんだということとを。奥田さんの頭の中にはあったわけでしょうが、私はその言ってる意味すらもわからなかった。ただ、世界史の研究では発表していますから、それが実践研究だったのかな。奥田さんに教えていただいた部分が大きいんじゃないですかね。

2003年の7月頃だったか、『実践研究の手引き』を使った教務主任の研修会があったんですよ、北区王子の北とぴあというところです。初めてのファシリテーターということで、奥田さん、江副さん、加藤さん、山本さんと一緒に出ました。

日本語学校は留学生受入れの最前線

日本語学校は、留学生を受け入れる最前線ですよね。今までそこに対してはほったらかしでしたよ。悪質になると叩くだけ、あるいは蛇口をひねるだけ[18]。それは今も変わらないんですけども、国として、本当に外国人の受入れに本腰を入れ始めたことは確かですよ。ゆくゆくは最前線にある日本語学校についても、告示基準で厳しくするだけではなく、それを育てていくというか、そういう発想がなければならないと思いますね。

しっかりした学校はサポートしていくという体制がほしいですね。入管の方針で学生数が減る、そうすると、先生もクビになるということがいつもあるわけですからね。私は何度か日本語学校を替わっていますが、ほとんどは経営上の理由なんです。つまり、日本語教師は非常に戦っているのに、誰もバックアップしてくれなかった。どんなに進学率を高めたところで、一人でも不法滞在が出たら、入管にがんとやられる。この30年間、日本語学校を評価してきたのは、ある意味、入管だけだったんですよね。

留学生には奨学金とか出してるじゃないですか。だけど、それを育てる最初の窓口である日本語学校をサポートしないできた。しなきゃいけないと思いますよ。適正な学校については国がバックアップする体制がほしいですね。……そうすれば、私もこんなに転職しなくても済んだと思うんだけど。そう思いません？（笑）

戦後補償から次の段階の日本語教育へ

私たちが経験してきたこの30数年というのは、戦後補償の部分がかなりあったと思うんです。私たちがこの業界に入った80年代後半から90年代の初めは、中国、韓国、台湾から私費留学で一般の人が来られるようになった時期なんですよね。その人たちと私たちは対面した。そうするとやはり過去の問題、特に中国については戦後補償、あるいは韓国に対しても。戦後世代の韓国人は反日教育を受けてきた、その人たちと対面せざるを得なかった。しかし、これからの時代というのは、日本に来る留学生というのは、80年代、90年代に日本に来た留学生の子どもの世代ですよね。これからは子や孫の世代が日本語を勉強する。私たちの親は戦争した。その宿題を次の世代の私たちは抱えた。今後の人たちは、次の段階に入っていく。そういう意味では、私たちよりも自然な形で、日本語教育ができるんではないのかなという気がします。

これまでは、国内の日本語教育に対する国の施策を、文科省がほったらかしにしてきた。法務省だけの管理でしたね。それが2024年の春から法律[19]ができて施行される。文科省の管理下に日本語学校を入れ、登録日本語教員[20]というのが国家資格になるという話ですから、いわゆる日本語教師も国から公認されるという形だと思うんですね。だからこれからの先生たちには希望があると思います。

もちろん文科省管轄になったとしても、即いいことばかりじゃないですよ。最初は管理される部分が強いと思うんですよね。法務省が日本語学校の管理を始めたスタートは上海事件でしたが、それから30年間かけて告示基準[21]という管理手段を持った。文科省もおそらく、これから同じぐらいかけて、日本語学校を監督していくノウハウをつくっていくんじゃないですかね。ただその間に、世界も日本も変化していくわけですよね。その変化に、日本語学校も、日本語教師もついていかないといけない。と同時に文科省の方も、変わっていく日本語学校に合わせていかないといけない。

未来へのバトンタッチ

でも結局、日本語教師というのは、それぞれの生きがいとか情熱とかがあって成り立つものですから、常に学び続けているなら、だれもがいい先生になれると思います。それぞれの教師がそれぞれに努力して、教育を続けていけばそこに喜びや生きがいが生まれるでしょうし、そういうものが学生にも伝わっていくでしょう。先生の常に学び続けている後ろ姿を見て、学生もまた奮起させられる面もあるでしょうしね。同時に学生が学ぶ姿を見て、先生が刺激を受けて、進んでもいける。

実は30年間の日本語学校を小説にしたものを、出版する予定なんですね。ほぼできあがっていて、出版社に原稿を出す寸前の段階です。[22]ま、私たちがこの30年間に経験してきた日本語学校の記録は、残さないと消えてしまいますから。よかったこともよくなかったことも含めてね。未来へのバトンタッチですよ。

〈注〉

［1］1章を参照。

［2］夏目漱石（なつめそうせき、1867〜1916年）は、文部省から英語研究のため留学を命じられ、1900年（明治33年）から1903年（明治36年）までイギリスへ留学した。

［3］日本語教育振興協会。1章を参照。

［4］1988年夏の時点で上海領事館にビザ発給の申請が3万8000件に上っていたにもかかわらず、日本語学校から地方入管局に入国事前審査の願いが出ていたのは4000人弱程度だった。そこで入管当局がその申請案件の中身を詳しく調べてみると、申請者を受入れるはずの日本語学校がまだ設立されていなかったり、学校はあっても教室がない、教員数がまったく足りない、入学定員の数倍の入学許可書が乱発されているなど、様々な問

題があることがわかった。そのため入管当局は、特に学校として実態のない不適格な日本語学校23校について就学ビザを発行せず、学校の受け入れをできなくさせるとともに、事前に徴収していた学費を返還するよう求める措置を取った。

[5] 1989年以降、日本語学校の審査認定は審査実施要項に沿って日振協が行うようになった。審査は書類審査と実地審査の結果を総合して判定する方法だった。

[6] 1966~77年。毛沢東が実権奪取のために発動し、中国全土を巻き込んだ政治権力闘争および社会・文化闘争。中国社会は混乱し数百万の死傷者が出たとされる。

[7] 入管法が1989年改正、翌90年施行され、新たな在留資格「就学」が認められた。同時に就学生の入国審査を細かく策定し厳格化していった。特に中国からの就学生の審査をとりわけ厳しくしたために、認定校の間でも入学者の確保が難しくなっていき、90年代半ばには200校が閉鎖、あるいは廃業に追いこまれた。1章を参照。

[8] 汪大捷（1906~2000年）は中国の日本語教育家で、1930年代に北京で日本語を教えていた。中華人民共和国が成立した後、北京対外貿易学院（現在の対外経済貿易大学）の教授を務めた。

[9] 1945年当時、中国の東北地方（旧満州地区）には、開拓団など多くの日本人が居住していた。同年8月9日のソ連軍の対日参戦により、肉親と離別して孤児となり中国の養父母に育てられたり、やむなく中国に残ることとなった人々を「中国残留日本人」という。

[10] 日本語学校の教師が自分たちの実践に根差した研究を発表する研究会。10章で取り上げる箱根会議に先行する形で、日本語教育振興協会の改革の一貫として始まった。

[11] 10章を参照。8章（嶋田）を併せて参照。

[12] 外国人留学生として、日本の大学等に入学を希望する者について、日本の大学等で必要とする日本語力及び基礎学力の評価を行うことを目的に実施する試験。日本留学試験は、これまで日本の大学等への入学の際、日本の大学等高等教育機関の多くが受験を義務づけていた「日本語能力試験」と「私費外国人留学生統一試験」（2001年12月実施をもって廃止）の二つの試験に代わる試験で、2002年より年2回（6月及び11月）日本国内と国外で実施されている。1章、3章（小木曽）を併せて参照。

[13] 大学学部に進学を希望する学生を対象に、基礎学力を測る試験として、1970年から財団法人日本国際教育協会によって年1回、12月に実施された。2002年からそれに代わるものとして、日本留学試験が実施されるようになった。私費外国人留学生統一試験の構成は、日本の高等学校学習指導要領に準拠し、理系は数学（配点・

１５０点）、理科（物理、化学、生物から2科目選択、配点・１５０点）、外国語（英語、配点・１００点）の３教科4科目、文系は数学（配点・１００点）、地理歴史（世界史、配点・１５０点）、外国語（英語、配点・１５０点）の3教科3科目だった。

［14］野元菊雄（のもときくお、１９２２〜２００６年）。方言の言語地理学的研究、外国人向けの「簡約日本語」などの業績がある。

［15］日本留学試験独自の科目で、日本の高校で学習する「公民」（政治・経済が中心）、「地理」、「歴史」の各分野から総合的に出題され、各分野の基本的な知識と、与えられる題材・図表から読みとったり、考えたりする能力を測る科目。

［16］三代純平・佐藤正則（２０２１）「日本語学校のエンパワメントを志向／試行する実践研究――『実践研究の手引き』作成の意義と課題」『言語文化教育研究』19、32〜51頁を参照のこと。併せて10章も参照。

［17］質的研究方法の一つ。カード（付箋）に１つ１つの情報を記し、そのカードを並べ変えたりグループ化したりすることで、情報を整理していく。ＫＪ法の考え方は、文化人類学者である川喜田二郎が『発想法』（１９６７年、中央公論社）において、「効果的な研究・研修方法である」と紹介したことで広く知られるようになった。

［18］入国審査の厳格化を、蛇口の栓にたとえている。１９９０年代、不法残留を減らすため法務省が就学生の入国審査を厳格化したことによって、90年代半ばには約２００校の日本語学校が廃業に追い込まれた。

［19］1章を参照。

［20］1章を参照。

［21］法務省（出入国管理庁）が日本語学校を告示校と正式に認定するための基準。「出入国管理及び難民認定法第7条第1項第2号」に基づき、定められている。なお、２０２４年4月、「日本語教育の適正かつ確実な実施を図るための日本語教育機関の認定等に関する法律」が施行され、文部科学省において日本語教育機関のうち一定の要件を満たすものを認定する制度が開始されたため、法務省告示で定められた日本語教育機関は、２０２９年3月31日までに文部科学大臣による認定を受ける必要がある。1章も参照。

［22］翠川翔『国よ、どこへ――平成の日本語学校物語』（２０２４年、ブイツーソリューション）

10章　日本語学校の社会的アイデンティティをつくる

――「箱根会議」の記憶

三代 純平

「箱根会議」とは

8人の先生方の語りの中でしばしばふれられた「箱根会議」。日本語教育史の教科書などには登場しないが、日本語学校の関係者たちの間では密かに語り継がれている、日本語学校の歴史のターニングポイントとなった、いわば伝説の会議があります。それが「箱根会議」。正式名称は、第1回日本語教育セミナー、日本語教育振興協会（以下、日振協）が1997年10月30日、31日、二日間に渡り、文部省共済組合の保養宿泊施設で開催されました。そこには、日振協に加盟する日本語教育機関30校から、校長、教務主任など30名が参加しました。一同が車座になって、朝まで「温泉にも入らずに」日本語教育の未来について語り明かしたと言います。

実は、本書の基となっているインタビューは、この箱根会議の記憶を伺ったものでした。[1] ここでは、その8人の先生方の箱根会議の記憶から、箱根会議を通じて日本語学校が日本語学校の社会的アイデンティティの構築へと動き出したことについて述べたいと思います。

教育の議論がしたい――上海事件から日振協の設立まで

1980年代前半までの日本語教育は、国費留学生や外交官、外資系企業の社員など限られた学習者を対象に行われており、日本語学校の数も限られていました。多くの人は日本語教育の存在自体を認知しておらず、日本語教師は社会的アイデンティティになりえていませんでした。日本語教師の両親を持つ江副さんは、幼少期の出来事を以下のように振り返ります。

江副　僕は小学生のときに、何かの書類を出すとき、親の職業のところに日本語教師って書いたら、バカおまえ、国語の先生って書くんだって言われたの。マジに（笑）。

山本さんは、当時のことを以下のように語っています。

山本　日本語を教えるなんて、まあね、想像もつかないというか、ほかの人もみんなも言っていたと思うんですけど、何回言ったって理解してもらえなかったですよね、そういう仕事って、周りに。「何？　日本人教師？　日本、何を教えるの、英語？」みたいな。そんな時代ですね（笑）。

その状況が変化するのは、１９８０年代後半の私費留学生急増です。１章でみたように、１９８７年の中国私費留学生の受入れ開始から多くの留学生（就学生）が日本にやってきます。しかし、その多くは就労を目的としていました。その受入れ先として、「バブルの経営者」（緑川氏）による日本語学校が乱立しました。その状況を先生方は口を揃えて「雨後の筍」のようだったと言います。悪質な留学生受入れの実態が徐々に社会問題化し、それを是正しようと日本政府がビザ審査を厳格化したことによって、すでに入学金やエージェントへの仲介料を支払っていた留学希望者たちのビザが発給されなくなりました。彼らがそれに抗議し、日本領事館を取り囲むような事態になりました。これがいわゆる「上海事件」です。

そして、この上海事件を契機に、日本語、日本語学校の審査・認定を担う機関として日本語教育振興協会が発足しました。しかし、当初、日振協と日本語学校の関係は決して良好なものではありませんでした。緑川さんは、その時の様子を次のように語ります。

緑川　最初に日振協ができた当時、日本語学校と対立状態みたいでしたよ。管理する側と管理される側ですから、最初の頃の日振協の会合で、会場からやじが飛んでいましたからね。

やじが飛び交う会合の経験を緑川さんは「管理する側と管理される側」と表現しています。奥田さんも、当時の日振協は「絵に描いたような官僚」で、教育改革には力を入れず、認定のみに力を入れていて、そのことに対する反発も多かったと語ります。当時の日振協は日本語学校を取り締まり、指導するという立場であり、日本語学校側の意見を聞き、尊重するという姿勢ではありませんでした。

山本　だから日本語学校はいつも違う物差しで測られている感じが、私はずっとしてますね。（中略）でも、はめられるほうからすると、ちょっと合わないというのはあります。語学留学とか語学教育についての知見がないと、私は思っています。

何よりも、初期の日振協は日本語学校の管理を主たる目的としていたため、日本語学校の教育のあり方について十分に議論していませんでした。

西原　今までと全然性質の違う、でも若くて元気のある、夢のある学生がたくさん来る。この学生たちを、日本語学校で受けるのならば、教育という視点でもう一度日振協が力を出さなければ、その不法就労の対応ばかりやっていては、それは教育機関じゃない。

現場の先生たちは、教育機関として就学生の管理のあり方よりもむしろどのような教育をすべきかという議論を渇望していたのです。

日振協の転機は、１９９６年に訪れます。上海事件の際、文部省の審議官として事態の収拾に携わった官僚であった佐藤次郎氏が理事長に就任したのです。上海事件当時より日本語教育に高い関心を持っていた佐藤氏が日振協の改革に乗り出しました。１９９６年当時、日本語学校の数は２８７校まで落ち込み、加盟校の会費で運営される日振協はその存続が危ぶまれる状況であったと言います。

改革にあたり、佐藤氏は日本語学校関係者へのヒアリングを開始しました。小木曽さんによれば、佐藤理事長は日本語学校の会合にはできるだけ参加し、懇親会も必ず最後の一人になるまで残っていたそうです。佐藤理事長のもとでなら日振協と日本語教育は共に歩むことができると先生方も感じました。「佐藤さんが「あなたたちの団体ですよ」っていう、（ようにそれまでの日振協の）態度を全然変えたわけ。佐藤さんが来なかったら、こんなに発展しなかった」（江副さん）、「日振協の中で、佐藤理事長になってからですよね、ああいうふうにボトムアップでいろんなものを出して共有していくという雰囲気ができてきて」（山本さん）、「佐藤さんというのはちょっと違う人だなと思いましたね。（中略）佐藤さんはほんとに日本語学校とか日本語教育が大切でね」（小木曽さん）、「佐藤理事長はとにかく教育って、日本語教育っていうものの日本語学校の質をきちんと上げて、教育機関としての質的向上を本当に図りたいと」（奥田さん）。

そこには、自分たち日本語学校、日本語教育の現場の声を聴いてくれるという期待、日本語学校における教育の質の議論ができるという期待がありました。そこで、関西である会合があったおりに、西原さんや奥田さんは佐藤氏にもっと教育の質について議論したいと直談判したと言います。

西原　とにかく数名いたのよ。でも、その志のない者は、来るわけないと思います。（中略）懇親会の立食の時に、私、最初、はじめましてであいさつして、先生、ぜひ、お願いがありますっていうことで。そして数名で。（中略）ともかく、そのときに、私の印象ではね、今まではいくら頼んだって、そのときは「ああ、そうですか」だけれども、「頑張りましょうね」で実ったことないから、まあ期待はしないけれども、新しく理事長が就任されたんだからと思ってお願いをしてみたところ、一生懸命聞いてくれて。初めてです。なるほどと。で、教育のことが大事だなっていうことを、佐藤先生はわかってくださった。そして、具体的にそのことが起こったのが、箱根会議の第1回です。私、感動しました。

「私、感動しました」とそのときのことを西原さんは振り返ります。そこには、自分たちの声を聴く日振協になったということと、教育の質を向上するための議論ができるということへの感動がありました。そして、日本語学校が自分たちで自分たちのことを語り、教育の質の向上について議論する場として、箱根会議が開催されたのです。

温泉にも入らず、車座になって——箱根会議の記憶

上記の背景から、1997年10月30日、31日、二日間に渡り、第1回日本語教育セミナー、通称「箱根会議」が開催されました。そこには、日振協に加盟する日本語教育機関30校から、校長、教務主任など30名、そして、佐藤次郎理事長、講師として国際日本語普及協会の西尾珪子氏と同志社女子大学の丸山敬介氏が参加しました。本セミナーの主旨を、佐藤次郎理事長は「教育的視点から日本語学校及びそこで行われている教育について深く語り合うこと」と宣言しました[2]。

当初、会議は、二つの分科会に分かれて行う予定だったそうですが、参加者たちからすべての参加者の発言を聞きたいから全員でやりたいという声が上がり、全員で、初日の午後1時半から翌日まで

ほとんど休憩もとらずに議論を続けたと言います。その時の様子を、先生方は、「車座で」「一つになって」「温泉に入らなかった」と口を揃えて語ってくれました。

西原　でもみんな温泉に入らなかったって。温泉に入ってる時間が惜しかったのよ。もう、夜中の、夜中っていうか明け方まで話して、話して、話して。（中略）そこで初めて教育を論じたんです。もう、みんな興奮してたと思います。

各学校を代表する者が30校から集まり、日本語学校の教育について深く話し合う。それはかつてないことでした。その興奮は、30年あまりが経った今なお先生方の間で色褪せていません。

あ、これは組めるな——日本語学校の連携

箱根会議の最大の成果は、日本語学校の連携が生まれたことだと言えます。換言すれば、それは、日本語学校が「日本語学校」というコミュニティを形成し、社会的アイデンティティをつくることをめざす素地が整ったことを意味します。もちろん、実際には箱根会議以前にも特定のグループ内での交流は存在していました。しかし、原則として他の学校はビジネス上のライバルであり、日常的に接する機会はなかったと言います。上海事件以降の苦しい状況を乗り越えた30校の代表が一堂に会し、日本語学校のあり方について議論すること自体が非常に画期的であったのです。そして、この会議を

一つの契機に日本語学校の連携が進められていきます。

山本さんは、「自分のところの教授法が一番みたいな、そんな時代だったんです」と当時の多くの日本語学校が閉鎖的だったことを振り返ります。だからこそ「みんながそういうこと［一緒に議論すること］にすごい飢えていた」と奥田さんは言います。嶋田さんは「1回目はね、ただただね、自分のたちの想いを語ったって感じ。何が印象じゃなくて、こんなに話せる」と箱根会議の一番の印象は、話し合えたことだと語ります。

江副　あんまり記憶はないけど、とにかく学校が、タイプが違うなっていうことはみんな気がついたんです。

三代　タイプが違う。

江副　はい。それと、自分たちが何のために日本語教育をしているのかっていうことが、それをお互いに発表したりして、結構よかったよ、記憶の中にすごくあるのは。だって少なくともその次の年も、またやったほうがいいってみんなが思ったからね。

三代　よかった、どういう意味でよかったって先生そのとき思った——

江副　知り合えたこともよかったと思う。それまではみんなバラバラだから。何とかさんっていう校長先生がいるらしいよみたいな。

江副さんは、話し合った内容自体の記憶は曖昧だが、考え方の違いも含めてお互いに知ることができたことがよかったと言います。内容よりも語り合うことができたという記憶が強く残っているということが印象的です。この語り合うという経験は、加藤さんがいうように「組める」という連携への希望を感じさせるものでした。

三代　じゃあそれまでは横のつながりは。
加藤　存在も知らなかったです。(中略)
三代　でも、全体で上がろうっていうのは、はじめからあったんですか。それともどこからか。
加藤　あ、ないと思います。箱根会議の場でみんなが、あ、これは組めるなというか。だからお互いも知りたいと、とても思ったんだと思うし――

このように、箱根会議の一つ目の意義は、互いに知り合い、語り合うことで「組める」という実感を抱き、横の連携を実現したことです。それは、それぞれが個別に「日本語学校」で働く日本語教師というアイデンティティを持っていた段階から、共に「日本語学校」のあり方を議論し、「日本語学校」全体としてめざす方向性を話し合うことで、「日本語学校」というコミュニティを構成し、そこに所属するというアイデンティティへ変容していく過程であるとも理解できます。

実際に、この後、当時は御法度だった学校を越えた勉強会などが開催されるようになります。江副さんと加藤さんも学校を越えて研究集会を開催したと懐かしそうに話してくれました。

日本語学校というものを社会的に確立していかなければならない——社会的アイデンティティをつくる

箱根会議は、日本語学校は連携できるという実感を参加者たちの間にもたらしました。その実感は、共に手を取り合い、日本語学校、日本語教育の社会的地位を向上させようという合意につながっていきます。箱根会議は、日本語学校の社会的アイデンティティの確立をめざした場でもあったのです。社会的アイデンティティの確立とは、当時、社会的認知の低かった日本語学校を、自分たちの望む形で社会に認識させることで自分たちの期待する社会的アイデンティティをつくるということです。

多くの先生は、日本語学校や日本語教師の存在は社会的に認知されておらず、自分の職業を説明することにも苦労した経験を持っています。加えて、上海事件以降、日本語学校はマスメディアから画一的かつネガティブな存在としてスティグマ化されることが多く、社会的イメージも決してよいものではありませんでした。

箱根会議では、そんなネガティブな日本語学校のイメージに異議申し立てをし、日本語学校が連携し、その社会的意義を発信していくことが確認されました。山本さんは、「最終的にとにかく日本語学校のことがあまりにも知られなさすぎているので、もっと発信するべきだというのがあの時に決まったことの一番大事な骨だったと思います」と箱根会議を総括します。奥田さんは、「社会的な位置づけっていうものを確立していかなきゃいけないっていうことはもう共通認識ではありますね」と当時の参加者たちの共通認識として社会的アイデンティティの確立があったことを述べています。加藤さんは、横の連携を強化し、社会的地位を向上させるために「1回全体で上がらなきゃ」いけないと強く思ったと言います。

加藤　ちゃんと日本語学校の価値というものを、自分たちはわかっている。わかっているけど、社会的にはそうでもない。でもその時に整ってるかっていうと、まあ研究もできるわけでもないし、授業も自分がいいと思ってるんでしょ、みたいな、そのレベルだったので、これはまず1回全体で上がらなきゃ、というので、横でいろんなのをつくっていったり——

また、西原さんは、箱根会議を「原点」とし、ここから日本語学校の社会的アイデンティティの確立が始まったと語ります。

西原　（箱根会議は）日本語学校が教育活動をする組織であるということの証しを立てようとした原点だと思います。（中略）みんなそれぞれ参加した学校はもっとよい教育を提供しなきゃいけないし、日本語学校というものを社会的に確立していかなければならないという意欲に燃えてたように思います。

切磋琢磨のプロセスを社会的に発信する——日本語教育の質の向上

日本語学校が社会的アイデンティティを確立する上で重要だったのは、日本語学校が就労の隠れ蓑のような存在ではなく、異文化との交流の最前であり、留学生の自己実現を支える大切な教育の場なのであるということを再確認することでした。そこで、箱根会議では、改めて日本語学校を教育の場として位置づけることがめざされました。西原さんや奥田さんが佐藤理事長に教育の議論がしたいと直訴したように、上海事件以降に定着した就労目的の就学生がいる場所という日本語学校のイメージを払拭し、本来の目的である日本語教育の場として日本語学校をさらによいものにしていくことを先生たちはめざしていました。また、たしかに上海事件前後の日本語学校には、就労の隠れ蓑として経営されていた日本語学校も多数あったといいます。そのような学校でキャリアをスタートさせた緑川さんは、当時のクラスには授業中にナイフで教師を威嚇するような学生もいたと振り返ります。それでも現場の日本語教師は少しでも自分の授業をよいものにしようと試行錯誤していたと緑川さんは語ります。

しかし、当時、学校を越えて日本語学校の「教育」について語る機会はほとんどありませんでした。いくつか私的なグループでの勉強会はあったそうですが、そこに参加できる人は限られていました。

日振協の中心を担う学校の代表者たちが一堂に会し、そこで教育について語り合ったことは画期的だったと先生方は口を揃えます。管理される側であった日本語学校は、同時に学生を管理することが強く求められました。日振協の議論も教育の質の向上よりも学生管理の強化に重点が置かれていました。それが箱根会議という場では、教育を中心に語ることができたのです。

そして、箱根会議では、日本語学校の社会的価値を高め、日本語学校の社会的アイデンティティを確立するためには、日本語学校の教育の質を向上し、それを発信していくことが必要だという問題意識が共有されたのです。

奥田　社会的な位置づけをしようと思ったら業績を出しなさい。業績はどっから出るの、こんだけ実践しました、ではなくて、こんな実践はこういうことを考えてこんなふうなことでいいんじゃないかと思ってやったんですって言わない限りは実績にならないと。で、それを発信することによって、それは教育から見た、日本語学校の教育観と言うんであれば、教育から見た社会的位置づけになるでしょう。（中略）自らが社会的な地位を獲得しようと思ったら、自分の実績を自らよくしていこうとしてる、そういうようなその、切磋琢磨のプロセスを社会的に発信すること以外にないでしょうと。だからそのためには、その研究をすることによって、そして発信することによって、社会的な地位だとか位置っていうのを自らつくることになるよって。それがなくしてはありえないでしょうって。

奥田さんは、日本語教育の質を上げるために、切磋琢磨する、そしてそのプロセスを発信することで、日本語学校の社会的アイデンティティをつくることが大切だと箱根会議で主張したそうです。その結果、日振協では、実践研究のプロジェクトチームが立ち上がっていきます。[3] 日本語学校が連携し、教育の質を高める動きが本格的に始動していくのです。

「箱根会議」とは何だったのか

あらためて「箱根会議」とは何だったのか。それは、端的にいうと、日本語学校が連携し、教育の質を高め、それを発信することで日本語学校の社会的アイデンティティを共につくっていくことが確認された会議だったと言えます。それまでバラバラでライバル関係であった日本語学校の先生方が集まり、その後、日本語学校の業界を牽引していく大きな土台がそこでつくられました。その想い出は、今でも先生方の間で語り継がれています。「箱根会議」という物語、それ自体が、日本語学校という社会的アイデンティティをつくるために一つの重要なストーリーとなっているということもできるでしょう。

〈注〉

［1］三代純平・佐藤正則（２０１９）「日本語学校の社会的アイデンティティ構築の歩み――「箱根会議」という経験をめぐるライフストーリー」『言語文化教育研究』17、１６９～１８９頁。本章は、この論文を基に再構成したものである。

［2］日本語教育振興協会（１９９８）『日振協ニュース』50、19頁。

［3］三代純平・佐藤正則（２０２１）「日本語学校のエンパワメントを志向／試行する実践研究――『実践研究の手引き』作成の意義と課題」『言語文化教育研究』19、32～51頁。９章（緑川）も併せて参照。

あとがき

今、日振協の日本語学校教育研究大会（旧日本語教員研究協議会、２００６年に改称）に来ています。「日本語学校教育研究大会」という名称は、奥田純子先生の命名です。従来の日本語教員研究協議会は、研究者を招き、講演を一方的に聞くというものでした。しかし、日本語学校の先生たちからは現場の役に立たないと不評だったそうです。そこで、箱根会議につながる改革として、現場の先生が主体的に発信する場になりました。そこには、「日本語学校」の教育研究を自分たちの手で行っていくという強い想いが込められています。箱根会議の少し前に第1回の大会が開催されました。しかし当時は、発表時間を守るという文化もなく、自由奔放な発表で大変だったそうです。今は、ＣＥＦＲや「日本語教育の参照枠」の議論などを踏まえ、社会における日本語学校の役割、学生の成長などをしっかりと見据えた意欲的な発表が、若い先生たちによって行われています。本書で紹介した先生方の想いがしっかりと次世代に受け継がれていることを実感しました。

思えば、本書の企画が始まったのは、奥田先生に出会ったことでした。科研のプロジェクト（基盤C、15K02661「留学生10万人計画」はいかに経験されたか――元就学生・教職員のライフストーリー、代表・田中里奈）の一環で、80年代の日本語学校の先生たちにインタビューをすることになり、一人目として奥田先生にお願いしました。２０１６年の1月でした。ちょうど奥田先生は日振協の研修の帰りで、国立オリンピック記念青少年総合センター（日振協のイベントによく使用されています）のある参宮橋のカフェでお話を伺いました。私は初対面でしたが、先生のお話にすっかり引き込まれてしまいました。恥ずかしながらそれまで、上海事件や箱根会議など、国内の日本語学校で勤務経験のない私は知りませんでした（佐藤さんは知っていました）。閉店時間で店を追い出されるまで4時間、すっかり話し込んでしまいました。

あとから音声を文字化してみると、後半の2時間は、私の人生相談に奥田先生が答えているという、インタビューよりカウンセリングに近い場になっていました。奥田先生は、そんな不思議な魅力のある方でした。こんな魅力的な先生たちの話をもっと聞きたいという素直な想いでこの企画をつづけていたような気がします。

今年、日本語教師の国家資格化が始まります。このタイミングで本書をお届けすること、なにか運命的なものを感じずにはいられません。日本語教師ってどんな仕事なんだろう？　日本語を教えるってどういうことだろう？　と思う人々に本書を手に取ってもらい、日本語を教えるって、日本語教師って、なんてやりがいのある仕事なんだろうって思ってもらえれば幸甚です。また、日本語教育に携わっている人々が、改めて自身の仕事に誇りと夢を持つことに本書が寄与できれば本当にうれしく思います。

8人の先生方、また調査の過程でインタビューにご協力くださった多くの先生方、そして、日振協理事長の佐藤次郎先生に改めて感謝申し上げます。また、本書の刊行を快く承諾してくださり、どのような本にするか共に考えてくださったココ出版の吉峰さんに心より感謝します。

２０１６年にインタビューを始めて、刊行までに9年の歳月を要しました。その間、小木曽友先生、奥田純子先生が他界されました。出版を心待ちにしてくださり、何度も丁寧に原稿を修正してくださった小木曽先生、出版が遅くなってしまい申し訳ございません。先生が穂積先生より受け継いだ留学生に寄り添うということ、少しでも受け継いでいきたいと思っています。何度も相談に乗ってくださった奥田先生、本当にありがとうございました。先生の声がまだ色褪せることなく自分の中で蘇ります。先生が私にくださったおことばから一つ、ここで共有したいと思います。

「なにかを変えたかったら、自分が変わりなさい」。

実践できている自信はないのですが、このことばを噛み締めながら、少しでもよりよい日本語教育をめざして精進します。小木曽先生と奥田先生に本書を捧げます。

２０２４年8月　参宮橋にて　　三代純平

付録・日本語教育／日本語学校 年表

年	日本社会	日本語教育／日本語学校
1950		京都日本語学校開校 言語文化研究所付属東京日本語学校、第1回日本語教師夏季講習会が開催される。
1951	サンフランシスコ講和条約調印／日米安全保障条約調印	国際学友会日本語教育部設置
1952		
1953		
1954	国費留学生受入れ開始	
1956		
1957		新星学寮に東大アジア学生友好会を結成 財団法人アジア学生文化協会設立
1958		
1959	海外技術者研修協会（AOTS）設立	
1960	インドネシア賠償留学生制度	アジア文化会館竣工
1961	東京YWCA「留学生の母親」運動開始	
1962	海外技術協力事業団創立	「外国人のための日本語教育学会」創立 ジョーデン『Begining Japanese』刊行
1963		
1964	チュア・スイリン事件 東京オリンピック	
1965	日韓基本条約調印	

年	社会	日本語教育・日本語学校
1966	ブー・ダットダン事件	
1967		
1968		
1969		
1970		私費外国人留学生統一試験開始
1971		
1972	沖縄返還／日中国交回復／国際交流基金発足 韓国が日本留学を公式に許可する。	
1973	オイルショック	
1974		
1975	インドシナ難民受入れ開始	新宿日本語学校開校
1976		
1977		インターカルト日本語学校開校／「外国人のための日本語教育学会」改め社団法人「日本語教育学会」設立
1978	日中平和友好条約締結	
1979	姫路、大和に難民定住促進センター開設 中国人留学生の受け入れ再開	
1980		
1981		
1982		
1983	留学生受入れ10万人計画	財団法人アジア学生文化協会に日本語コース開設
1984	中国帰国者定着促進センター開設（当時「中国帰国孤児定着促進センター」）	日本語能力試験開始

年	日本社会	日本語教育／日本語学校
1985	プラザ合意（バブル経済）	
1986	男女雇用機会均等法施行 JICA、日系社会青年ボランティア派遣開始	イーストウエスト日本語学校開校 外国人就学生受入機関協議会（外就協）
1987		カイ日本語スクール開校 全国日本語教育機関振興協会（全日語協）
1988	上海事件	コミュニカ学院開校／日本語教育能力検定試験開始 「日本語教育施設の運営に関する基準」が出される。
1989	昭和天皇が亡くなる。 天安門事件	日本語教育振興協会設立（外就協と全日語協は日振協に統合）
1990	出入国管理及び難民認定法の改正（在留資格「就学」が制度化、三世までの南米日系人が日本での定住が可能となる）	
1991	バブル経済崩壊	
1992		
1993	技能実習制度開始	
1994		
1995	阪神・淡路大震災	
1996	留学生・就学生の身元保証人制度廃止	日本語教育振興協会、佐藤次郎理事長就任 日本語学校数が287校まで減少 第1回JETROビジネス日本語能力テスト開始
1997	アジア通貨危機始まる。	日振協日本語教員研究協議会における教員研究発表開始（2006年に日本語学校教育研究大会に改称） 第1回日本語教育セミナー（箱根会議）開催
1998		

1999		
2000		法務省、日本語学校を適正校と非適正校に二分化し、在留資格の取得に差異をつける。
2001		日振協第1回実践研究ワークショップ開催 『実践の手引き』（日振協実践研究プロジェクトチーム）
2002		日本留学試験開始
2003	留学生受入れ10万人計画達成	
2004		日本学生支援機構（JASSO）設立
2005		
2006		
2007		
2008	留学生30万人計画 リーマンショック／経済連携協定（EPA）による外国人看護師・外国人介護福祉候補者の受け入れ開始	
2009		
2010	入管法改正（在留資格「就学」が「留学」に統合） 行政刷新会議ワーキンググループによる「事業仕分け」により、日振協の日本語教育機関の審査・証明事業の廃止	
2011	東日本大震災	
2012		
2013		ベトナム、ネパール等非漢字圏の留学生数が増え始める。
2014		
2015		
2016		法務省「日本語教育機関の告示基準」

年	日本社会	日本語教育／日本語学校
2017		
2018		
2019	特定技能制度開始／留学生30万人達成	「日本語教育の推進に関する法律」施行
2020	新型コロナウイルスの流行	
2021		「日本語教育の参照枠」報告（文化審議会国語分科会）
2022		
2023		
2024		「日本語教育の適正かつ確実な実施を図るための日本語教育機関の認定等に関する法律」施行

索引

編者紹介

三代純平（みよ　じゅんぺい）

１９７７年生まれ。早稲田大学大学院日本語教育研究科博士課程修了、博士（日本語教育学）。仁川外国語高等学校、徳山大学等を経て、現在、武蔵野美術大学造形学部教授。専門は、日本語教育におけるライフストーリー研究と実践研究。仁川外国語高等学校の教え子が来日し、日常的に接する中で、留学生のライフストーリー研究を始める。徳山大学時代、学生募集に日本語学校を訪問する中で、江副氏ら、魅力的な日本語学校の先生たちに出会い、日本語学校のライフストーリー研究に取り組む。主著に、『実践研究は何をめざすか――日本語教育における実践研究の意味と可能性』（２０１４年、ココ出版、共編著）『日本語教育学としてのライフストーリー――語りを聞き、書くということ』（２０１５年、くろしお出版、編著）、『産学連携でつくる多文化共生――カシオとムサビがデザインする日本語教育』（２０２１年、くろしお出版、共編著）など。

佐藤正則（さとう　まさのり）

１９６３年生まれ。早稲田大学大学院日本語教育研究科修士課程修了。アークアカデミー日本語学校、早稲田大学日本語教育センター等を経て、現在、山野美容芸術短期大学特任准教授、ＪＡＬＡＳ（Japan Language School）横浜校主任。専門は、ライフストーリー研究。本書に登場する先生方には日本語教師人生の様々な局面で影響を受けてきた。アークアカデミー時代、プロジェクト活動や大学院進学クラスの実践研究に取り組む。日本語学校の修了生にインタビューをしたことが契機となってライフストーリー研究を始めるようになった。現在は、日本に永住帰国したサハリン残留日本人へのライフストーリー研究を行っている。近著に「戦後サハリンを家族と共に生きたある帰国日本女性の語り」（２０２１年、『語りの地平 VOL.6』日本ライフストーリー研究所、三代との共著）、「複言語・複文化話者としてのサハリン残留日本人――複言語・複文化における仲介という観点から」（２０２３年、『言語政策19』日本言語政策学会、三代との共著）など。

日本語学校物語
開拓者たちのライフストーリー

二〇二四年十二月一日　初版第一刷発行

編者
三代純平・佐藤正則

発行者
吉峰晃一朗・田中哲哉

発行所
株式会社ココ出版
〒一六二―〇八二八　東京都新宿区袋町二五―三〇―一〇七
電話　〇三―三二六九―五四三八
ファクス　〇三―三二六九―五四三八

装丁・組版設計
長田年伸

印刷・製本
株式会社シナノパブリッシングプレス

定価はカバーに表示してあります
ISBN 978-4-86676-075-9

ココ出版の書籍

現在ケースで考える！

誰も教えてくれない日本語教育の現場

瀬尾匡輝・瀬尾悠希子 編著

日本語教師が教育現場で抱く葛藤と向き合い、対処していくための多角的な視点を養うことを目的とした一冊。日本語教育対する自分なりの思いや考えを創り出してください。教師養成の教科書としてもおすすめ。

定価二六四〇円　ISBN 978-4-86676-068-1

多文化共生社会のキーパーソン

――バイリンガル相談員によるコミュニケーション支援

徳井敦子 著

地域で生活する外国人にとって重要な役割を果たしているにもかかわらず、これまで実態が明らかにされてこなかった「バイリンガル相談員」。インタビュー結果をもとに、「コミュニケーション」の領域から考察を行う。

定価三〇八〇円　ISBN 978-4-86676-073-5

日本語教育に創作活動を！

――詩や物語を書いて日本語を学ぶ

小松麻美 著

どのような「しかけ」を用意すれば実り豊かな創作活動が実現できるのかを、実践例を紹介しながら検討していく。詩や物語の創作を取り入れたい、学習者が日本語で表現する可能性を広げたいと願っている方に。

定価二六四〇円　ISBN 978-4-86676-072-8

日本語教師の専門性を考える

舘岡洋子 編

多様化する日本語教育環境の中で問われている日本語教師の専門性について考察する一冊。「あるフィールドに、ある方法が固定的に決まっているのではない。方法は教師の理念とフィールドとの間で編成されるのである」――これまで固定的にとらえられてきた「専門性」を問い直し、理念・方法・フィールドが一貫性をもって連動する「三位一体モデル」を提案する。

定価二六四〇円　ISBN 978-4-86676-033-9